「婚活」受難時代

結婚を考える会

角川新書

はじめに

新型コロナウイルスの感染拡大で、結婚を取り巻く状況が大きく変化しつつある。

2011年3月に発生した東日本大震災では、家族の絆《きずな》の大切さを再認識した人が多いが、あれから10年も経たないうちに、新たな危機に見舞われている。

コロナ禍では、外出も人と会うことも制限されるようになり、家族の存在が大きくなった。一人暮らしの人の中には、寂しさや不安を感じる人も多かっただろう。そんな中で「結婚したい」と考える人が増えている。

これまでの日本では、50歳時未婚率が上昇してきた。

50歳時未婚率とは50歳の時点で一度も結婚したことのない人の比率を表したものだから、一生涯結婚しないと決めた人とは意味が違うが、晩婚化や非婚化を計る指標として5年に一度、国立社会保障・人口問題研究所が公表している。

その数値を見ると、男性の50歳時未婚率は40年前の1980年に2・6％だったが、

2020年には26・0%になる見込みだ。生涯結婚をしない可能性の高い男性の割合が「38人に1人」から「4人に1人」になるということだ。

男性ほどではないが、女性の50歳時未婚率も上昇している。1980年は4・5%だが2020年には17・4%になる見込み。生涯結婚しない可能性の高い女性は23人に1人から6人に1人程度になる。

1980年といえば、いま30代の子どもを持つ親世代が20代だったころでもある。50歳時未婚率がこれだけ低い時代に婚期を迎えた子どもの親世代にしてみれば、自分の息子や娘が結婚せずにいれば、心配になるだろう。「自分たちが先立ってしまったあと、息子や娘はどうするのだろう」との親心も理解できる。

しかし、いまの親世代は結婚が本人の自由意思であることも理解している。「結婚してくれれば安心」と思う一方で、「結婚すべき」との価値観を押し付けるのはよくないとも感じているわけだ。

結婚しない子どもを持つ親が11月に気が重くなる理由

都会で一人暮らしをする息子や娘を持つ親には、11月くらいになると徐々に気が重くなるケースも多いという。年末年始の休みを利用して子どもが帰省したときに、結婚について「どう言葉をかけたらいいか」と考えてしまうからだ。弟や妹がすでに結婚している場合にはなおさらだ。

そんな親世代が少し安心できるデータがある。国立社会保障・人口問題研究所「第15回出生動向基本調査」だ。

男性では40〜44歳で「いずれ結婚するつもり」と考えている人は61％で、45〜49歳でも57％に及ぶ（2015年）。40代の息子でも「一生結婚しない」と決めているわけではなく、いい人が見つかれば、結婚はしたいと思っている可能性が高いわけだ。

女性も同様だ。40〜44歳では57％、45〜49歳でも50％と、半数以上は結婚したいと考えている（73ページ参照）。結婚する気がないように見えても、内心では「チャンスがあれば」と考えている人が多いことになる。

最近は、親と子の関係も変わってきており、友達のように仲良くする親子も多い。とくに母親と娘の関係は姉妹のようで、エステにも旅行にも一緒に行く。だから、「娘に結婚のことをうるさく言って嫌われたくない」との心理が働き、「心配しているのに何もできない」とのジレンマが発生し、余計に苦しくなっている。

しかし前述のように、40代の未婚者でも結婚する意志がある場合が多いなら状況は違ってくる。子どもの結婚を後押しする方法もあるはずだ。

ちなみに同じ調査で未婚者に「結婚にはどんな利点があると思うか」を聞いたところ、男女ともに「自分の子どもや家族をもてる」ことがトップに挙がっている（75ページ参照）。

結婚したいときには相手が見つからないミスマッチ

難しいのは、「結婚したい」ことと「結婚できる」こととは、違うことだ。婚活の際に相手に求める2大条件は年齢と年収だ。男性は女性の年齢によりこだわり、女性は男性の年収によりこだわる。結婚はしたいと思っても、互いの条件を満たせないために、結婚に至らないケースが少なくない。

結婚仲介企業、最大手の一つのＩＢＪの「成婚白書」（２０１９年度版）によると、年収と年齢を掛け合わせた結婚しやすさを見ると、男性の場合、30代までは年収５００万円以上なら平均よりも結婚に至りやすい。一方で40代後半になると、年収８００万円以上でないと平均よりも結婚に至りにくくなる（１０３ページ参照）。

以前は、年齢とともに給料が上がっていくケースが多かったから、婚期が遅くなっても女性が求める年収条件をクリアできたかもしれないが、最近は違う。結婚をしようと思ったときには、年収条件のハードルが上がっていて、選ばれるのが難しくなっていることも多い。

一方で女性は、年齢と結婚しやすさが大きく関係する。20代後半がもっとも結婚に至りやすく、年齢を重ねるとともに、結婚に至りにくくなっていく（35ページ参照）。

世の中の晩婚化が進み、結婚にはまだ早すぎる、まだ大丈夫、と思っている間に、結婚しやすいタイミングを失ってしまうことが多いようだ。

晩婚化が進んでいるとはいえ、年齢が高くなると、結婚相手となる人の絶対数が少なくなっているという事情もある。たとえば、40～44歳の男性が結婚する女性は5歳年下（47ページ参照）が平均だが、35～39歳の女性の未婚率は24％。４人中３人以上が既婚者なので、結婚対象となる女性の数がそもそも少ないといえる。

親の資金援助で結婚できるケースも

結婚できない理由が年収や年齢にあるとすれば、「親に手助けできることはない」と考えてしまうが、そうとも限らない。お金の面で言えば、年収を上げるのは簡単ではなくても、親が婚活費用や結婚資金を負担することでうまくいくケースもあるようだ。

年齢を変えることはできないが、年収にしても年齢にしても、〝検索条件〟にすぎない。婚活アプリや結婚相談所などを利用する場合、希望する相手の条件を入力して候補を絞る。住まいを探すときに徒歩10分以内などと条件設定するのと同じだ。どんなにいい住まいでも徒歩11分ならその検索には出てこない。

婚活でも同じことが起こる。検索するときには、あれこれ相手に対する自分の希望条件を入れてしまう。それでも候補者は見つかるが、婚活の場合、相手がＯＫしなければ会うことさえできない。これが住まい選びと違うところだ。

たとえば男性の場合、40代でも20代の女性を希望することが多いという。しかし、20代の女性は40代の男性を選ばない。実際、婚活で40〜44歳の男性が結婚する相手の女性の平均年齢は36・6歳（47ページ参照）だ。

最近の女性はむしろ、「5歳くらい年下と結婚したい」と希望するケースが多くなっているというから、10歳以上年上の男性との結婚は考えていないだろう。

これが現実だが、今回のコロナ禍でその状況が少し変わりつつあるという。オンライン婚活が登場し始めているからだ。

婚活サービスで相手を探して、実際に会うのはハードルが高い。自然と相手がどんな人か十分に吟味してから会うことになる。ところがＺｏｏｍなどを使ったオンライン婚活なら、気軽に会うことができる。

忙しい人でも時間がつくりやすいし、男性にとってはデート資金がかからないのも魅力だ。

対面にしてもＺｏｏｍにしても、実際に会うかどうかで婚活は大きく変わる。これまでの婚活でも、会うまでは相手に年収や見栄えなどさまざまな条件を設定していた人でも、会ってみた結果、人柄に惹《ひ》かれて結婚に至るケースは少なくないという。検索では人柄は判断できない。結局は会ってみなければわからないわけだが、検索が可能になったことで、逆にパートナー選びを妨げているともいえる。

それがオンライン婚活で解消されようとしている。45～49歳の未婚者に独身でいる理由を聞くと、「適当な相手にまだめぐり会わない」がトップ（93ページ参照）。男女とも同じ結果だから、オンライン婚活で出会いの回数が増えれば、50歳時未婚率さえ下がる可能性がある。

子どもが帰省したときに、「私たちのためだと思って、オンライン婚活でも試してみたら？　費用は出すから」と言ってみる価値はある。いまの子どもたちは優しく親思いのことが多いから「親のためなら」と考えるかもしれないし、婚活したくてもお金がない状況なら、費用を親が負担してくれるのはありがたい。それをきっかけに、婚活をしてみようと思う可能性が高いのではないだろうか。

コロナ禍で新たな結婚の若年齢化が進んでいる⁉

一方、コロナ禍で結婚意欲自体は、高まっているようだ。結婚情報サービス会社のオーネットが20歳から34歳の独身男女に調査をしたところ、２０１９年の調査と比較して「結婚するつもりはない」と答えた人は減少傾向にある。

とくに25～29歳の男性の減少が目立つ。19年に「結婚するつもりはない」と答えたのは26％だったが、20年には14％になっている。

また、「結婚したい年齢」も若年化している。何歳までに結婚したいかを聞いたところ、25～29歳の女性では「34歳までに結婚したい」と考えている人は19年には58％だった。それが20年には79％まで上昇している。コロナ禍で結婚を望む人が全体として増えており、中でも若年層にその傾向が強くなっているといえそうだ。

若年層が結婚に積極的になれば、30代後半以降の人は、取り残されてしまう可能性がある。早めの婚活が必要ともいえる。

ただ、親が子どもの結婚を後押しする際には気をつけなければならないこともある。実は息子や娘がなかなか結婚できない理由が親にあるケースが少なくないというのだ。

たとえば、母親が子どもの結婚相手に条件をつけてしまう。子どもに幸せな結婚をしてほしいと願う親心なのだが、感覚が古すぎ、母親が結婚した30年、40年前の常識をいまだに引きずっていることも多いのだ。

よくあるのは、娘の結婚相手に30年前に人気の職業を考えてしまうことだという。当時は商社や損害保険会社、銀行などが就職の人気ランキングの上位を占めていた。だから、自分の娘がＩＴ系の企業の社員と結婚するなど考えられない（38ページ参照）。

子どもにしても、親の価値観に合わせようとしてしまう傾向がある。とくに幼いころから、親とともに受験戦争を乗り切ってきた人は、「親の言うことは正しい」とのイメージが染みついていることが多い。

しかし、どこかで「親の感覚が違う」と感じてしまう。結果的に結婚しないままずるずる時間だけ過ぎてしまうことにつながる。親の干渉に嫌気が差し、〝仇《あだ》討ち婚活〟につながるケースもあるという。女性であればダメンズと付き合ったり、不倫に走ったりする。表立って親に反抗できないから、「親が困るだろう」ことを間接的にしてしまう。

オンライン婚活で成功する秘訣は

オンライン婚活は、結婚の可能性を広げてくれるが、オンラインならではのテクニックもあるという。

対面と比較すると、やはり相手に伝わる情報は限られてしまう。映像として見えるのは、上半身と背景だ。背が高いとか、スタイルがいいなどの情報は伝わらない。限られた情報の中で差別化が必要となる。

たとえば、オンライン婚活の場合、服装が少しラフになることもあるが、男性であればあえてスーツを着てネクタイをきちっと締める。女性であれば、はっきりした色の洋服を選ぶのがお勧めだ。

オンラインでは背景が壁で淡い色のケースが多く、洋服に淡い色を選んでしまうと、背景に溶け込んでしまい、印象が弱くなってしまうという。「この人はちょっと違う」という印象を相手に持ってもらうことが重要だ。

また、意外に差が出やすいのが声だという。オンラインでは情報が限られているだけに声が印象に残りやすい。優しい声で強弱をつけて話すのがお勧めという。

このように婚活事情は大きく変わっている。結婚しない30代、40代の息子や娘を持つ親は、心を痛めているだろうが、まずは、自分たちが結婚した当時とは状況が違うことを認識する必要がありそうだ。

結婚するか、しないかは本人の選択だが、もし、本人が結婚したいと思っていながら、「あきらめている」、あるいは、「努力しても成果につながっていない」ならば、親として何か手助けができることはないか。

その方法を導き出すため、最新の婚活事情を熟知し、多くの男女を結婚に導いている婚活カウンセラーが集まり、プロジェクトチーム「結婚を考える会」を結成した。

本書はそのメンバーの中から主に5人の婚活カウンセラーのアドバイスをもとに構成している。彼らが日々、結婚を望む男女と接する中で強く感じているのは、「親が子どもの結婚の障害になっているケースが多い」ことだ。

それは前述のように昔といまでは、結婚事情が大きく変わってしまったことが原因だが、具体的なケースを挙げると次のようなものがある。


〈親が原因で子どもが結婚したくてもできないケースとは?〉

●親が最近の結婚事情をまったく理解していない。
●自分が結婚した30年前、40年前の古い常識を子どもに押し付けている。
●親が子離れしていない。
●本当は子どもを結婚させたくない。
●親が結婚のすばらしさを子どもに伝えていない。

これらを踏まえて、子どもの結婚を応援するために親世代は何を知っておくべきか、を紹介していく。本書を通じて少しでも親世代の心配が解消できれば幸いだ。

2020年11月

結婚《けっこん》を考《かんが》える会《かい》

目次

する愚痴を聞いて育った子どもは結婚に悲観的／子どもの結婚に関しては、親の謙虚さがマイナスに働く／結婚できない子どもをつくる家庭環境／いつまでも同居を許していると結婚できない／料理教室に通うと結婚が遠のく!?

ターン／母親の号泣が結婚する気にさせた／さりげなく置かれた見合い相手の写真は必ず見る／オタクが陥りやすいマッチングアプリのワナ／年下男性を希望する女性に言っておきたい一言／男性の年収500万円以下は結婚しにくい／派遣で働く女性は副業で婚活力を高める／選ぼうとするな。「選ばれる」ことを考えろ／汗をかいて行動すれば、ネットでわからない情報が見えてくる／自分と相手の「バランスをとる」ことが大事／異性が何を求めているか、理解せよ／年収の高い男性は、年収の高い女性を求める／妥協するのではなく〝妥当な相手〟を探すのが大事／「一歩踏み込む勇気」があるかどうか、それが分かれ道になる

第5章　「結婚する気のない」子どもを「その気にさせた」ストーリー

親孝行な子に効く「とりあえず、試してみて」／理想の高い子どもの気持ちを変える、たった一つの方法／結婚前の欠点は、結婚後の利点になる／結婚するか、親の介護をするか、究極の選択／既婚者に囲まれる環境に身を置

第1章

三十路、四十路の息子、娘が結婚できないのは親の古臭い常識が原因だった

子どもに嫌われたくない親の遠慮が結婚を遠ざけている

現代の親子関係は、以前とは様変わりしている。受験などでは子どもに厳しく接する親でも、日ごろの生活ではとにかく親子の仲が良いケースが多い。その関係を崩したくない親には、自然と「子どもに嫌われたくない」との感情が生まれている。

「いまから40年くらい前の昭和の時代の親子関係と比べれば、親御さんが子どもにすごく遠慮していますね」（しあわせ相談倶楽部・村田弘子さん／以下、村田さん）

それは結婚に関しても同じだ。昭和の時代までの親は、子どもが年ごろになれば、「おまえ、いい人いないのか」とぶっきらぼうに聞いたものだ。

会社に行けば、上司からも同じようなことを言われた。決まった相手がいないとわかると、半ば無理やりに相手を紹介されたりしたものだ。

その時代が良かったというわけではないが、現実問題として家庭や職場に本人の背中を押す人が数多く存在し、否《いや》が応でも結婚を考えざるを得ない環境に置かれていたわけだ。

しかし、いまは違う。個人のことに立ち入るとハラスメント（パワハラやセクハラ）につながりかねないので、上司は避けて通るようになった。独身者に対して結婚するのが当たり前という価値観の押し付けから生まれるハラスメントを、シングルハラスメントと言うこともある。職場の飲み会も減っているので、同僚と親しくなって職場結婚するという機会も減っている。

家庭でも同じだ。三十路《みそじ》、四十路《よそじ》でも結婚しない息子や娘を持つ親は、心配はしていても、「結婚相手はいないのか？」と問い詰めれば、反発して口もきいてくれなくなるのではないか、子どもが傷つくのではないか、と先回りして考えてしまうから、聞くに聞けない。心配なのに聞けないというジレンマで、大げさではなく〝針のむしろ〟に座っているようなものだという。

「親御さんとお話をすると、〝本当に眠れない〟とか〝食事がのどを通らない〟とおっしゃる方も少なくありません」（村田さん）

このまま自分たちが年老いて、先に亡くなってしまった場合、息子や娘は一人で生きていけるのかと心配するのだが、それを子どもたちには言えないため、余計に心痛が高まっているというのだ。

子どもからしてみれば、親からも職場からも背中を押されなくなったため、「いずれ結婚はしたい」と考えている人でも、日々の生活に追われるうちに、ずるずると後回しになってしまっているのが実情だ。

「子どもが結婚できないのは、親が責任を放棄しているからですよ。昔は子どもの教育は結婚までがワンセットでした。しかし、いまはいい大学に合格させれば、〝親の義務を果たした〟と安心してしまうケースが多い。だから、結婚しない息子や娘が増えてしまっているのです。親が自分の責任であることを認識するのが第一歩ですね」（ベスカ神戸《こうべ》・福山昭二さん／以下、福山さん）

このような厳しい意見もある。

子離れできない親が子どもの結婚を妨害している

子どもが三十路、四十路になると、親もそれなりに歳をとる。60代、70代になれば、体力も落ちて、生活に不安が生じてくるものだ。

子どもが同居している場合には、知らず知らずのうちに頼ってしまっている。買い物に付き合ってもらい、荷物を運んでもらったりしているだろう。

新しいものへの対応力も落ちている。最近の家電は高機能になり、手に負えなくなっている。設定はすべて〝子どもにお任せ〟というケースも多いだろう。だが、そうしているうちに、徐々に依存が深まり、子どものいない生活が想像できなくなってしまう。

「子どもがいることでバランスがとれている夫婦関係も多いので、子どもがいなくなったときのことを考えるのが怖くなるのでしょう。そんな状況では子どもの結婚など真剣に考えられません」（福山さん）

しかし、子どもにはそんな本音は間違っても言えない。だから口では、「早く結婚しなさい」と言う。しかし、本気で結婚してほしいと思っているわけではないということもありえるわけだ。

「ポーズで親御さんが結婚相談所を利用することもありますね。これだけあなたの結婚のことを一生懸命考えているのだから、一緒に考えて、と結婚相談所に連れてくるのです」（福山さん）

子ども世代より、親世代のほうがお金を持っているケースが多いので、入会金や会費は親が負担する。そうやって婚活が始まるのだが、子どもが30代前半であれば、登録してみると、たいてい10人から20人の見合いの申し込みが来るという。そこまではいいが、結局、結婚には至らない。

「お母様が何かと理由をつけて、すべて断ってしまうのです」（福山さん）

相手の欠点を見つけて揚げ足を取るように、反対をしてくる。やはり子どもの婚活を成功させるには、親の意識を変えなければならないようだ。子どもが結婚しないことが、本人にとってもどれだけマイナスになるかを知ること、親に婚活教育が必要になるわけだ。

「ですから、相談があった場合には、まず、お子さんよりも親御さんの気持ちをすべてヒアリングすることにしています。その上で〝お母さん甘いね〟と苦言を呈することも少なくないですね」（福山さん）

福山さんは、親子で相談に来た場合にも、親子別々に話を聞く。息子や娘に1対1で話を聞いてみると、育った環境に、結婚できない理由のヒントがあることが多いからだ。隣に親がいると、それはなかなか引き出せない。

福山さんは、「子どもを結婚させるまでが親の責任」と考えている。親が子離れしなければ、子どもは結婚できない。親が子どもに依存してしまっている家庭では、結婚することが、本人にとっての真の自立となる。親とは関係なく、子どもが結婚を望まないケースもあるが、親が原因で結婚できなかったり、結婚をネガティブに捉えてしまっているケースも多いのだ。

婿に〝三高〟を求める親の非常識

親からは積極的に働きかけができなくても、子どもが結婚を望めば、親も協力を惜しまない。しかし、そのときにも親の古い価値観が邪魔をして、子どもの結婚にマイナスに働いてしまうことが多いという。それが晩婚化を助長しているのだ。

「親御さんが結婚されたのは、30年前、40年前になるわけですが、そのときの感覚でお子さんの結婚を考えるので、うまくいかないケースが多いのです」(村田さん)

たとえば、親が何代も続く企業の経営者で子どもが娘であれば、婿《むこ》を招き入れて会社を継いでほしいと考えるケースは少なくない。

娘が結婚しなければ、後継ぎも生まれないわけだから当然だ。先祖代々の商売が自分の代で途絶えてしまうわけにはいかないだろう。社員やその家族の生活もある。経営者としては気が気ではない。

同時に親にしてみれば、愛娘《まなむすめ》だから、優秀で仕事ができて背も高く見栄えがよくて……、と最高の条件を求めようとしてしまう。親心と言ってしまえばそれまでだが、相手のあることだから、身勝手な高望みは通用しない。

「仮に、仕事も見栄えも人柄もいい人がいたとしても、それほど条件が整った人は、あえて婿になろうとは思いません。自分で起業して社長になる能力もあるわけですから、親の理想の相手は見つからないのです」（村田さん）

もし、親として五つの条件があったとしよう。その中で、「次期経営者として婿を迎えたい」というのが、もっとも大事な「第一条件」であれば、残りの四つの条件のうち、いくつかはあきらめなければならないことも多い。

その現実をまず、親が受け止めることが重要だ。条件が多すぎる親には、もっとも譲れない条件を明確にすることをアドバイスしているという。

「次の後継者となる力があって、お嬢さんとも円満にやっていけそうであれば、それが一番大事です。身長がとか、見た目がとか、その部分は重要ではないでしょう」（村田さん）

母親が娘の結婚を邪魔している典型的なパターン

一方で、母親が知らず知らずのうちに、娘の結婚を邪魔しているのは、心の奥底に「本当は近くにいてほしい」との気持ちが残っているケースだ。最近はそうした子離れができない親が多いという。

いまの女性は子どものころから、「結婚よりも好きな仕事ができるようになりなさい」と言われてきた。とくに母親からはそう言われて育った。

となれば、大学へ進学するのはごく当然。しかし、卒業して就職し仕事に慣れるころには、25歳が目の前にきている。そこで結婚するのは、無理がある。「25歳までに結婚しなければ……」という昔ながらの婚期は、簡単にパスしてしまうことになる。

さらにその時点で仕事にやりがいが出てきているケースも多く、「もっと集中して仕事をしたい」との気持ちが強くなる。そのまま突っ走ってしまえば、すぐに四十路が見えてきてしまう。

一方、母と娘の関係は、家族関係の中でも特殊だ。プライベートでは、母親と娘が姉妹のように暮らしているケースが多くなった。一緒にでかけるのは当然で、エステにも一緒に行くし、他の家族を置いて母と娘で海外旅行へ行くこともしばしばだ。そうして、友達同士のように楽しんでいる。

母親にしても、娘には結婚してほしいと思っている一方で、本当に娘が結婚するとなれば、親友を失うくらいに寂しい思いをしなければならない。これまでの楽しい生活がなくなってしまうと考えると、どこか本気で結婚を望んでいない面もある。

「母親にしてみれば、娘を自分の生きがいにして育ててきたので、もし結婚するのであれば、母親自身もうっとりするような相手を見つけてほしいと思っているのです。でなければ、自分のルームメイトのように近くにいてくれたほうがいい。それが本音なのです」（村田さん）

こうした母親の気持ちが娘にも伝わり、ずるずると時間だけが経過してしまうことになる。気が付けば三十路、四十路の年齢になっている。

「しかし、考えてほしいのです。お母様にしても、ご自身が結婚して家庭を持ち、出産したからこそ、いま、お嬢さんと楽しい時間を過ごせているわけです。結婚しなければ、お嬢さん自身がそうした幸せを手にすることはできません」（村田さん）

図表1　婚活男女の「年齢」と「成婚しやすさ」の関係

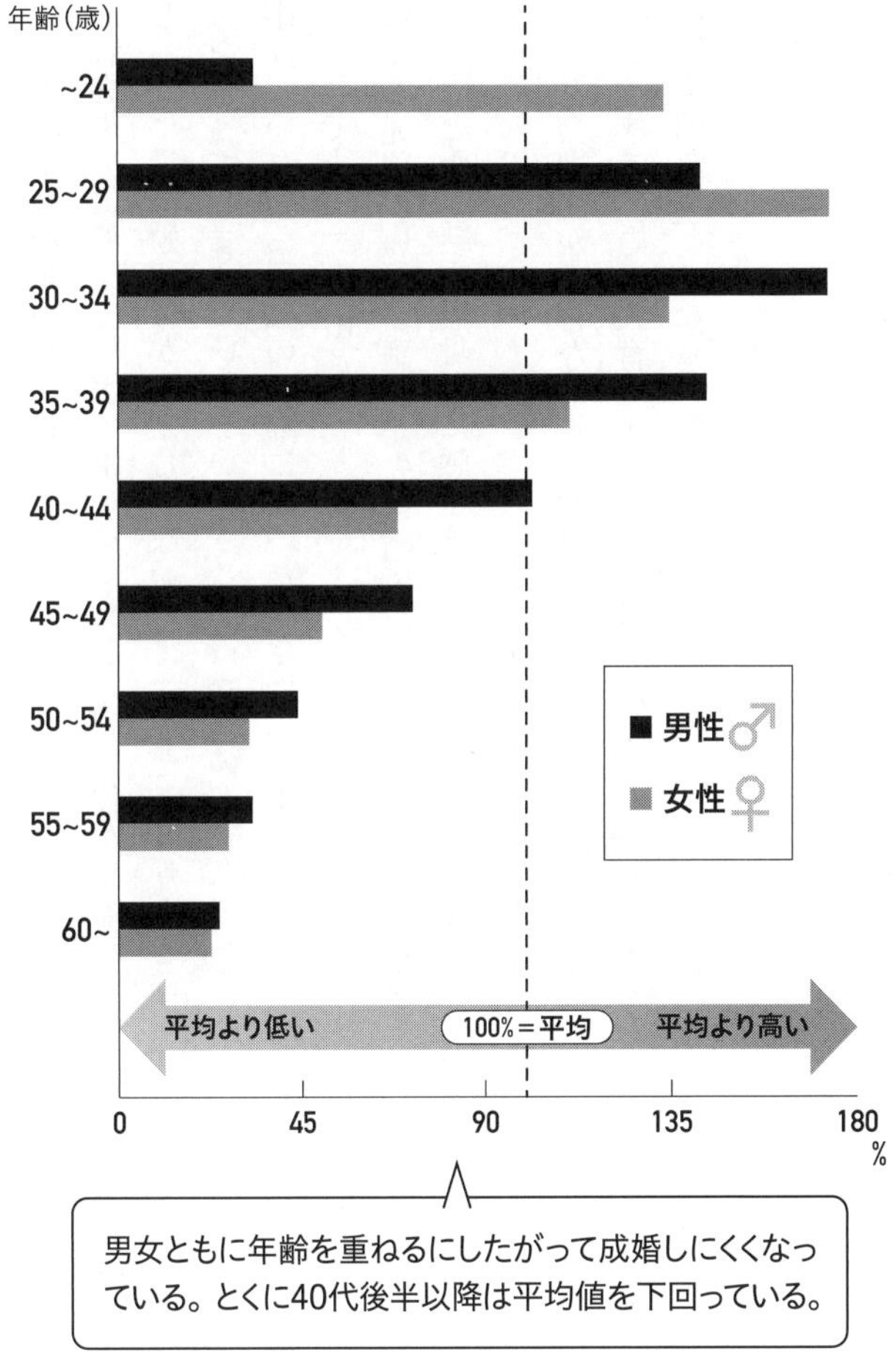

※出典：IBJ「成婚白書」（2019年度版）

夫に多少は不満があったとしても、結婚しなければいまの幸せは手に入らなかったわけだ。それを十分に考えて、娘の幸せを望むなら、母親が子離れすることが重要だという。もし、娘に「結婚だけが人生じゃないわよ」などと繰り返し言っているとすれば、娘の選択肢を奪ってしまっているといわざるを得ないのだ。

「お嬢様がいまのお母様の年齢になったときに、パートナーがいなかったらどうかを想像してほしいですね」（村田さん）

それでも兄弟がいて、誰かが先に結婚をすれば、「結婚はよさそうだ」とか「子どもはかわいい」とか、結婚を身近に感じる機会もある。しかし、いまは一人っ子が多く、それも難しい。

女性の社会進出が進むなど社会環境が変わったこともあるが、それ以上に、「親世代に結婚教育をする、婚活教育をするという意識がなくなってしまった」（福山さん）ことで、婚活に消極的な子どもたちが増えているのだという。

一人娘は母親の価値観に流される

一人娘と母親の関係が結婚を妨げている可能性が高いというのは、結婚相談室すみれ会・伊集院淑子《いじゅういんとしこ》さん（以下、伊集院さん）も同意見だ。

「母親と一人娘は、友達のような関係になることが多く、〝何でもママの言うことを聞いてればいい〟となってしまいがちなのです」（伊集院さん）

その結果、結婚相手を選ぶときも親の価値観にひっぱられてしまう。さらに、結婚しても親の近くに住みたいと思ってしまうことが多いという。

母親にしても、自分のお腹を痛めた子だし、一人っ子の娘だから、小さいときから一時も目を離さずに面倒を見てきている。そうなると、結婚相手も自分の眼鏡にかなった人を選んでほしいと考えてしまう。

娘もそれがわかっているので、結婚相手を考えるときも母親の目、意向を気にしてしまうわけだ。その分、自分の気持ちや考えがわからなくなってしまい、仮に相手が見つかったとしても、ギリギリのところで、「本当にこの人でいいのか」と悩んでしまう。結婚相手を探すのに苦労しているケースが多いという。

30年前の価値観を押し付ける母親の罪

数多くの婚活に携わっていると、仲人《なこうど》同士で、「あのお嬢さんはかわいそうね。お母様がすべてご縁をつぶしている。このままでは、一生結婚できないかもしれないわね」と話題になる親子がいるという。

そうした親子は、母子一体となっていて、娘が母の言うことを１００％信じているから、母親の意見に反論することもない。小さいころから常に母親と過ごし、受験も乗り切ってきたので、「母親の言うことを聞いていれば間違いない」と思ってしまっている。

「最大の問題点は、お母様が30年、40年前に自分が結婚した時代の価値観をそのまま娘の結婚に当てはめてしまっていることです」（村田さん）

とくに専業主婦を続けてきた母親の場合、限られた人間関係の中で生活をしてきたため、閉鎖された社会の価値観が根付いてしまっている。

たとえば、１９９０年代の就職先の人気企業ランキングには、いわゆる財閥系の企業が

図表2-1　婚活男性の「職業」と成婚しやすさの関係

順位	職業	成婚しやすさ（100%＝平均）
1	航空業界関連職	318.16%
2	弁護士	230.24%
3	公認会計士	224.98%
4	クリエイター・マスコミ系職種	178.96%
5	各種コンサルタント	173.48%
6	IT関連職	169.98%
7	司法書士・行政書士・社労士	164.05%
8	その他金融系職種	161.03%
9	技術・研究職	156.22%
10	営業・企画系職種	154.80%
11	銀行・証券関連職	153.67%
12	大学教授・准教授	137.49%
13	教師・講師	129.12%
14	国家公務員	127.38%
15	医師	124.91%
16	メーカー関連職	123.60%
17	歯科医師	118.54%
18	薬剤師	118.48%
19	看護師	110.79%
20	地方公務員	110.12%
21	事務・管理系職種	109.87%
22	資格関連職種	106.82%
23	税理士	104.99%
24	土木・不動産・建築系職種	102.73%

※100%＝平均を超える職種のみ掲載
※出典：IBJ「成婚白書」（2019年度版）

並んでいた。

母親の記憶にはまだそれが鮮やかに残っていて、娘の相手の勤務先を評価する際には、その基準がベースになっている。当時はなかったIT系の企業などまったく評価の対象とならない。

いま財閥系の企業に勤めている会社員の30年後は安泰だろうか、とは一切考えない。財閥系だからといって会社自体がなくなることはない——とは決して言えない時代になっているのに。

「結婚相手の勤務先がなくなってしまうのは大変なことです。それで家族が終わってしまうこともありえます。仮に結婚できたとしても、30年前の価値観を投影したお母様の意見を疑うこともなく相手を選んでしまったお嬢さんのその後の人生がどうなるかを考えると、あまりにもかわいそうだと思うことはありますね」(村田さん)

母親にしても娘の幸せを願っていることには変わりないのだが、その判断基準が30年前のものだから、これから先を生きていく娘には役に立たない。それどころか、判断を誤らせることになってしまうわけだ。

「そういうお母様から相談があった場合には、いまの世の中はこうなっています、お母様

図表2-2　婚活女性の「職業」と成婚しやすさの関係

順位	職業	成婚しやすさ（100％＝平均）
1	弁護士	379.77%
2	公認会計士	290.76%
3	税理士	153.37%
4	販売・小売・飲食・サービス系職種	142.97%
5	介護・福祉関連職	141.05%
6	医療系職種	136.50%
7	薬剤師	133.92%
8	各種コンサルタント	132.92%
8	司法書士・行政書士・社労士	132.92%
10	営業・企画系職種	128.77%
11	クリエイター・マスコミ系職種	127.33%
12	理美容系職種	124.89%
13	大学教授・准教授	123.07%
14	事務・管理系職種	117.72%
15	技術・研究職	117.71%
16	看護師	115.06%
17	銀行・証券関連職	113.39%
18	メーカー関連職	113.07%
19	歯科医師	112.64%
20	学生	110.77%
21	土木・不動産・建築系職種	108.82%
22	IT関連職	108.06%
23	資格関連職種	105.11%

※100％＝平均を超える職種のみ掲載
※出典：IBJ「成婚白書」（2019年度版）

が結婚された30年前に流行《はや》っていた業種、金融、マスコミとか、そうした企業がいまはどういう状況にあるのか。そんなお話をしてお母様の意識を変えるところからやっていかなければならないのです」（村田さん）

子どもに幸せな結婚をしてほしいと思うなら、親、とくに母親が価値観をアップデートする必要がありそうだ。当たり前のことだが、30年、40年前に自分が結婚したときとは、状況が一変していることを認識しなければならない。

伝統ある写真館で見合い写真を撮ると失敗する!?

婚活するときも、母親の30年前の価値観が候補者探しを失敗に導く。

婚活サイトに登録する写真を撮影するために、伝統ある写真館に娘を連れて行ってしまうケースがあるからだ。昔は、見合いをするとなれば、重々しい写真を撮影するのが一般的だった。衣装もきらびやかにして、有名な写真館で撮影してもらう。母親の時代はそれが常識だった。

「台紙付きの立派な写真を持ってきてくださるのですが、そのままお返ししたくなりま

す」（村田さん）

高い費用を支払って撮影した写真が逆効果になってしまうのだ。それは、選ぶ衣装にも表れる。

以前は、ブランド服に身を包み撮影するのが普通だったという。しかしいまは、ブランド服はもちろん、豪華なアクセサリーをつけるのも敬遠される。

「若い人の場合、高価なブランド服より、駅ビルに入っているお店で、色やデザインで選んだほうが、写真映えすることもあります」（村田さん）

いまの男性は、もしも会社が倒産したり、リストラに遭ったりしたときに、しばらくは生活をやりくりできる能力を持っている女性を望んでいるケースが多い。高そうなものを身にまとった女性の写真を見れば、それだけで敬遠してしまう。

「その生活を維持させろ」と言われているように感じてしまうのだ。そもそも結婚相手のイメージが変わっている。

「いまの男性は、親御さんの世代と真逆なことが良いとしているのです」（村田さん）

以前は結婚相手として自慢できるのは、いいところのお嬢さんだとか、社長がどこそこの令嬢を紹介してくれたとか、結婚によって得られる人脈が評価されていた。

いまは違う。それを喜ぶのは、婚姻関係をビジネス上でも生かそうとする、弁護士や会計士などの士業《しぎょう》くらいだという。

「お母様の世代は、自分では稼がない、すべて夫にやってもらっていることが自慢で、専業主婦を誇りに思い、楽しんできたのです。それを基準にお嬢さんの結婚相手も考えてしまうので、時代にそぐわない結果になってしまいます」（村田さん）

一方で、娘が仕事で頑張っている場合には、結婚後も仕事を続けることに対して、母親も理解を示している。しかし、そこでも時代遅れの常識が見え隠れする。

「うちの娘は立派な職業に就いて天職と思っていますので、仕事を続けてもいいとおっしゃってくださる相手を見つけたいのです」と相談に来るという。

「これも時代遅れの価値観です。〝いまは仕事を辞めないでください〟と希望する男性が100％ですから、辞めてくださいなどと言う人はいません」（村田さん）

根本的な認識がずれているので、さまざまな面で行き違いが生じてしまうのだ。

夫婦の意見が合っていなければ子どもの結婚は難しい

夫婦の意見が合っていないことが、子どもの結婚を妨げているケースもあるという。たとえば、母親は一生懸命に考えているのに、父親が無関心のケース。やはり当たり前だが、両親がそろって子どものことを考えていないと難しい。

母親が父親に相談しても、「おまえがしっかりしていないからだ」と言われてしまうことも少なくない。もちろん、母親だけの責任ではない。

「親が結婚のすばらしさを子どもに教えていないから、結婚にネガティブなイメージをいだく子どもが多いのです」（福山さん）

福山さん自身が、自分の子どもたちにも、結婚相談にやってくる人にも、結婚のすばらしさを常に伝えているという。

「私自身が結婚してとても幸せだと思っていますから。それが伝わらなかったら、子どもたちはネットでネガティブな情報ばかり受け取っていますので、結婚したいなんて思うはずがないのですよ」（福山さん）

結婚に対する想いは、男性と女性では違う面がある。息子に対して父親が結婚のすばらしさを伝えるのもいいのではないだろうか。

婚活偏差値を無視してもうまくいかない

本当に子どもを結婚させたいなら、婚活偏差値の合う相手を探さなければ難しいという。たとえば、三十路の女性が年収2000万円の男性を探すのは婚活偏差値が合っていないという。

「仮に35歳の男性が年収2000万円だったとすれば、30代の女性は望まない人が悲しいことに多いのです。20代の若い女性を望みます。残念ながら、そうした現実をよく理解しなければいつまでたっても結婚相手は見つかりませんね」（福山さん）

婚活偏差値は、計算式があって導き出すものではないが、結婚する場合には必ず存在するものだ。親にしてみれば、自分の子どもには、「できるだけ良い条件の相手を見つけたい」と考えているだろうが、その気持ちは相手の親も同じだ。互いの偏差値が釣り合っていなければ、まとまらない。それを無視して高望みをしてしまう親が多いために、婚期が

図表3　婚活男女の成婚相手との年齢差

男性成婚者

30代前半までは、ほぼ同世代と結婚しているが、年齢を重ねるにしたがって、若い女性を選ぶ傾向がある。

年齢	相手の平均年齢	相手との年齢差の平均
～24歳	—	—
25～29歳	28.4歳	+0.3歳
30～34歳	30.2歳	−2.0歳
35～39歳	33.1歳	−3.8歳
40～44歳	36.6歳	−5.2歳
45～49歳	39.7歳	−7.0歳
50～54歳	44.7歳	−6.8歳
55～59歳	48.1歳	−8.6歳
60歳～	56.7歳	−9.0歳

女性成婚者

男性の成婚者とは逆に20代では年の離れた年上男性と結婚するケースが多いが、年齢を重ねるにしたがって年齢差は縮まっている。

年齢	相手の平均年齢	相手との年齢差の平均
～24歳	29.5歳	+6.3歳
25～29歳	32.3歳	+4.7歳
30～34歳	35.6歳	+3.5歳
35～39歳	40.9歳	+4.1歳
40～44歳	45.6歳	+4.2歳
45～49歳	50.6歳	+4.1歳
50～54歳	55.5歳	+4.0歳
55～59歳	58.6歳	+2.6歳
60歳～	68.4歳	+4.0歳

※出典：ＩＢＪ「成婚白書」（2019年度版）

遅れてしまう息子や娘が多いという。

親同士の意見交換は？

結婚できない子どもを持つ親同士が意見交換をすることも福山さんは勧めない。親同士が話をすれば、結局、お互いの傷をなめ合うことになってしまうからだ。それでは何も解決はしない。

「それに、親同士が互いの子どもを比べたり、お互い足を引っ張り合ったりすることになりますから、親の会には絶対に出てはいけないと思いますね」（福山さん）

本気で子どもの結婚を考えている親は、こっそり孤独に努力をしているという。

ただ、親が勉強会に出席する意味はあるとの意見もある。

「私は以前、親の会を開いていましたが、いまの結婚事情を親御さんがあまりにも知らなすぎると思ったのが理由ですね。結婚事情の勉強会です」（伊集院さん）

親が最近の結婚事情を知らないために、子どもの結婚がうまくいかないことが多い。であれば、どんな状況になっているかを勉強会で学ぶのはいいかもしれない。ただ、夫婦で参加するケースは少ないという。

「5人の参加があれば、ご夫婦でいらっしゃるのは1組ぐらいですね。それ以外はお母様だけでいらっしゃいます」（伊集院さん）

子どもの結婚には母親が関わることが多いし、昔の価値観を引きずってしまうのは、専業主婦を続けてきた母親に多いことを考えると、母親が最近の結婚事情を学ぶのは効果があるだろう。

しかし、母親と父親の認識がずれていると、最終的にはうまくいかない。勉強のために参加するなら、夫婦そろってでかけたほうが効果はありそうだ。

親同士が集まって情報交換するのが、「子どもの結婚にプラスかどうかはケースバイケース」というのは村田さんの意見だ。

「私もときどき、〝ご縁の会〟という、お母様が集まってケーキを食べてお茶を飲む会を開催していますが、最近の結婚事情を知ってもらうためには意味があると思っています」

ただ、母親同士が昔の価値観で盛り上がってしまうと、逆効果になりかねない。その点は、村田さんがコントロールして、いまの結婚事情を少しでも理解してもらえるようにしているという。

父親に対する愚痴を聞いて育った子どもは結婚に悲観的

育った環境が子どもの結婚に影響を与えることも多い。典型的なのは、母親の父親（つまり夫）に対する愚痴を聞かされていた場合だ。

「お母様が子どもたちに父親（夫）の愚痴を言っているケースは結構あるのです。〝あんなお父さんだから、うちは貧乏なのよ〟とか、〝お父さんみたいな人と結婚しちゃだめよ〟とか。そんなことを小さいときから言われ続けたら、結婚に躊躇《ちゅうちょ》しますよね」（伊集院さん）

父親に対する愚痴を言われ続けた娘は、結婚適齢期になったときも、それが頭から離れない。その上、母親から、「年収はこれくらいないと」あるいは「いい大学を卒業していなきゃ」などと言われれば、それが正しいと思ってしまう。

「仮にお嬢さんが恋愛して結婚をしたい相手が見つかっても、〝母親に会わせてもダメだと言うだろうな〟と最初からあきらめてしまいます」（伊集院さん）

そういう母親は教育にも熱心で子どもをできるだけいい大学に入れようと奮闘するケー

スが多い。結婚だけが人生ではないと教え、自分一人で生きていける能力を身に付けさせようというわけだ。父親の愚痴を言いながら、母親も頑張る。

そうした母親に育てられた娘は、結婚に躊躇して婚期が遅くなってしまう一方で、同じような母親に育てられた息子の場合は、結婚相手に向いているケースが多いという。

まず、父親に対する愚痴を聞かされて育ったので、同性として、「父親のようになってはいけない」との思いから、勉強熱心になりいい大学に進学。卒業後も大企業に就職するケースが多くなるそうだ。

「そういう男性は、まじめでコツコツとやってきたので、ギャンブルもしないケースが多いですね。それなりにお金もためています。一方で女性とコミュニケーションを取るのが苦手なのです。もし結婚しても浮気する可能性は少ないのではないでしょうか」（伊集院さん）

女性から結婚相手としてみた場合は、無難な選択と言えそうだ。同じような母親に育てられたとしても、息子と娘ではこれほど違いがでてくるわけだ。

「息子さんにしても、お嬢さんにしても母親の影響は相当に大きいのですが、母親自身は愚痴を言ったことすら忘れているのが普通です」（伊集院さん）

しかも、そうした母親の場合、息子が結婚できないと、「隣の○○ちゃんはハンサムだから結婚できたのよ。あなたはダメね」などと平気で言ってしまうことが多いという。

いまの50代、60代の親は、他人と比較しながら子育てをしてきた。だから、自分の子どもを評価するときにも、つい誰かと比較してしまうのだ。

子どもの結婚に関しては、親の謙虚さがマイナスに働く

結婚できない子どもを持つ親と話をすると、自分の子どもを低く評価していることも多いという。

「私が、〝そういう言い方ではなく、もっと自分の子どもをほめましょうよ〟と言うと、〝ほめるところなんてないですよ。まだ結婚もできないんですから〟って言うのです」(伊集院さん)

一見すると、子どもを自慢しない謙虚な親にも見えるが、それが結婚にとってはマイナスに働く。

自分の子どもをほめない親にしても、本音では「自分の子どもはいい息子、いい娘」と

思っている。

しかし、人に話すときには、謙虚に言うことが美徳と考えている。ただ、結婚させたいと思うなら、自分の子どもをほめる習慣をつけたほうがいいという。親孝行であるとか、優しいとか、いいところを人に話す。そうすれば、それは相手にも伝わる。これがきっかけで縁談が来るかもしれない。

「自分の息子や娘はたいしたことはない、本当に恥ずかしいとか言っていたら、誰も結婚相手を紹介しようなんて思いませんからね」（伊集院さん）

できれば、自分の子どものよいところを書いたプロフィールをつくり、親戚《しんせき》や知り合いに配るといい、という。誰かに自分の子どもをほめられたときにも、「そんなことないわよ」などと謙遜《けんそん》するのではなく、「おかげさまで、いい子なのよ。誰かいい人いません？」と素直に言うことが、子どもの結婚の後押しになる。

「子どもがいい大学を出て大企業に就職しているケースも多いので、〝うちの子は○○大学を出て、□□に就職して〟とは言うのですが、その後に〝でも結婚できなくて〟と言ってしまう。これはよくありません」（伊集院さん）

大学や勤務先をアピールするのは、反感を買う恐れがある。そうではなく、「誕生日にはいつもプレゼントをくれるのよ」などと、性格の部分をアピールするのが効果的だという。

「ご本人も、もっと自分に自信を持ったほうがいいですね」（伊集院さん）

結婚の相談にくる人を見ていると、自分に自信を持っていない人が多いという。それには、親にほめられたことがないことが影響しているのだろう。だから、伊集院さんは、相談者のいいところを見つけて、とにかくほめることから始めるという。

結婚できない子どもをつくる家庭環境

相談所に来る大企業に勤めていて、年収も高いのに結婚ができない人には、それなりに理由がありそうだ。伊集院さんはあるとき、大企業に勤める男性のお母様から相談を受けて、息子と面談したことがあるという。

その男性はとにかくしゃべりすぎる。2時間の面談時間のほとんどを一人でしゃべっていた。一人でしゃべり続けるから、汗もかく。

「男性の話がようやく一段落したところで私が、〝私が話してもいいですか？〟と言って話しました。〝親御さんの元で何不自由なく生活していて、親御さんは身近にあなたを見ていると結婚できないことですごく心配しているのよ〟と話したところ、〝そうですね〟と言いながらまた延々と話しだしてしまったのです。そういえば母親も人の話も聞かず自分のことばかり話していたように思います」（伊集院さん）

それが雑談力であれば、まだよいのかもしれないが、彼の場合は取り留めのない話で、魅力がない。

女性と対面したときに同じことをすれば、すぐに嫌われてしまう。１対１で会って婚活するのは難しいと考えた伊集院さんは、男性に婚活パーティーへの参加を勧めた。

「それでもダメでしたね。パーティーでもみんなに敬遠されてしまうのです。しゃべりすぎるから」（伊集院さん）

さまざまなパーティーに参加したが、結果は同じだった。

彼自身も徐々に自分がのけ者にされることに気づき、今度は参加している女性の悪口を言い始めてしまったという。主催者に対して、「○番の女性は僕の話を聞いていなかった」という具合に。そうなると、婚活パーティーへの参加も難しくなってしまう。

なぜ彼はそこまでしゃべってしまうのか。その原因は家庭環境にあるという。親がおしゃべりでその影響を受けてしまったのだ。となると、小さいころからの習慣だから、いまさら変えるのは難しいだろうが、自分の欠点に気が付かなければ、改善のしようもないのも事実なのだ。

いつまでも同居を許していると結婚できない

親が子どもの結婚を気にかけるのはわかるが、それが行き過ぎると、まとまる結婚もまとまらない。親の結婚観は、どうしても自分が結婚したときの経験に紐《ひも》づけられているので、いまの時代には合わない。息子や娘が探してきた相手を見ると、〝ここが〟〝あそこが〟と、つい難癖をつけてしまう。

子どもにしても、親にコントロールされ続けている場合、「そこまで言うならやめておく」というケースが少なくない。しかし、30代、40代になって、一生おひとりさまの可能性が見えてくると、「あのとき、親の反対を押し切ってでも結婚しておけばよかった」と後悔することもある。それは親にとっても子にとっても不幸な話だ。

「後々のことを考えて、お子様をもっと自立させるというか、親御さんがお子様と少し距

離をおくようにアドバイスをすることは多いですね」（婚活ＩＭＡ《イマ》・今村倫子さん／以下、今村さん）

親と同居していて、結婚願望があっても三十路、四十路まで結婚しなかったとすれば、子どもに一人暮らしをさせるのも一つの方法だ。

親と同居していれば、食事の用意や洗濯などは、親がやってしまうことも多い。子どもにしてみれば、身の回りのことはやってくれるし、稼いだ給料は自由に使える。これほど快適なことはない。

結婚すれば、制約もできるし、お金も自由に使えなくなる。本気で結婚をする気になれないのも無理はない。

しかし、親はいつまでもいない。親が介護が必要な状態になってから、そのことに気づいても手遅れだ。ますます結婚などできなくなってしまう。

親も子どもも元気なうちにぬるま湯から出て、一人暮らしをすることで、おひとりさまの大変さに気づき、結婚の意味を考え直すきっかけになるかもしれない。

料理教室に通うと結婚が遠のく!?

母親には、娘は料理が上手で家事が得意なほうが男性から気に入られるという意識がある。その影響を受けて、料理教室に通うケースも少なくない。

「相談にくるお嬢様の中にも、〝私は料理が得意です。肉じゃがをつくります〟とか、〝料理教室に通っていて、イタリアンなら生パスタを打ちます〟とか、アピールする方がいますが、いまの男性から見ると料理に関することにさほどの魅力を感じないようです」（今村さん）

習い事は別の意味で弊害もある。料理教室に通ってくるのは独身女性が大半だ。その場での出会いは期待できないし、周りは独身女性ばかりだから、自分が独身でいることに違和感を覚えなくなってしまう。みんな独身なんだから、「自分も独身のままでいい」と自分で自分を納得させてしまいがちだ。

女子会も同じだ。同性同士で盛り上がるのは楽しいが、その場から抜け出せなくなってしまう。その中から「結婚する」という人が現れると「えっ」と驚くことになる。

「同性同士の付き合いが悪いわけではありませんが、自立すること、一人で行動することの婚活効果を伝えています」（今村さん）

最近の男性は、職業欄に家事手伝いと書いてある女性を好まない。家事手伝い＝カジテツと呼ばれ敬遠される。

それより、仕事をバリバリしている女性に魅力を感じる。〝お嬢様〟という雰囲気よりも、いきいきと輝いている活動的な女性に魅力を感じる。女性は今風の女性らしさをアピールすべきだという。

また、女性には、「男性からのアプローチを待つほうが好まれる」との気持ちも根強いという。だから、結婚相談所に登録しても自分からアプローチすることは少ない。ましてや日常生活の中では、積極的に男性に働きかけることなどないだろう。

「待っているのが美徳と考えている人がまだまだ少なくありませんが、女性ももっと積極的に働きかけるべきですね」（今村さん）

第2章

子どもを責める前に
親が知っておくべき、今どきの結婚事情

モテ期が若年化している!?　年齢別の最新事情（男性編）

結婚しやすい年齢、しにくい年齢はあるのか——。男性にしても女性にしても、年齢が若いほうが選択肢は多くなることはあるが、何歳になると結婚しにくい、あるいは結婚できないというものでもない。あるとき、偶然に会った相手と気持ちが通じ合い、結婚することになった、ということが何歳でも起こりうるからだ。

「ただ、年齢を聞いたときに相手がどんな印象を持つか、その傾向はあります。相手がマイナスの印象を持ったときに、それをカバーする方法を知っておくのは重要です」（しあわせ相談倶楽部・村田弘子さん／以下、村田さん）

そのためには、まず年齢の節目を知っておく必要がある。男性は次の五つの節目があるという。

〈男性の年齢の節目〉

●（〜）25歳

●（26～30歳）
●（31～39歳）
●（40～49歳）
●（50～59歳）

「男性の婚活はこの数年、若年化する傾向にあります。それによって、女性よりも結婚の最初のピークが早くなっているのです」（村田さん）

いい大学を卒業し、大企業に勤めているような条件のいい男性は早くに結婚するケースが多いという。結婚相手を積極的に探している女性たちに刈り取られてしまっているからだ。大学時代の彼女と結婚するパターンなどが当てはまる。

大学時代の彼女とは結婚に至らず、社会に出てから付き合った女性と結婚に至る最初のピークが30歳まで。そもそも、「30歳くらいまでに結婚しよう」と考えている男性は、全体の6割程度に達するので、この時期に結婚を真剣に考えるケースが多いのだ。

「超優良な条件ではありませんが、そこそこイケてる男性はだいたい30歳までに結婚するイメージです」（村田さん）

30代前半に結婚を考える男性には、それまで仕事を頑張ってきてステージが上がり、今後の自分の人生を見つめ直した人が多い。そろそろ結婚しておかないと、マイホーム資金や子どもの教育費が後ろ倒しになってしまうので、大変になると実感している。

30代前半の層は結婚相談所に相談にくるケースも多いという。以前は、両親が30代前半の息子の結婚について相談にくるケースが多かったが、いまは男性自身が真剣に将来のことを考え、婚活に積極的になっているという。

40代は、少し前までは、ゴールデンゾーンだったという。同世代はもちろん、20代からも年上からも人気がある男性のモテ期だった。若い層にはない余裕感があったからだ。40代になると、年収もそこそこ上がっているから経済的な余裕がある。おしゃれで多少イケメンであれば、モテモテだったというわけだ。

しかし、最近は状況が変わってしまったという。一つは、「あこがれの先輩と結婚したい」という若い女性が減ってしまったことだ。いまの女性は、同年代か年下と結婚したいと思うようになっている。それは、結婚相手と同等に生きたい、との気持ちもあるようだ。

会社での立場も上がり、部下の女性に慕われている男性でも、いざ結婚となると年下女性は首を縦に振ってくれない状況になっているというから注意が必要だ。

「いま40代の男性が結婚しようと考えるなら、ターゲットは2歳年下くらいまでで考えたほうがいいですね」（村田さん）

ターゲットを間違えないことが婚活成功の第一条件だ。

50代になると再婚も多くなり、婚活は二極化する。それは経済的な面が大きい。年収も高く、ある程度の資産を築いた富裕層と、役職定年などでピークのときよりも年収が下がり、60代になると収入が年金だけになってしまう層だ。

「50代で富裕層になっていない男性が婚活で成功するには、おしゃれをして明るい自分を演出するのが唯一の方法です」（村田さん）

40代までであれば、写真を撮った場合でもビジネススーツを着こなしていれば、それなりに写る。50代になるとそうはいかない。

「もう着るもの勝負です。こざっぱりとしていて、〝この人はおしゃれだな〟〝この人は清潔感があるな〟と相手に思われるように努力する必要がありますね」（村田さん）

エクササイズで体を引き締めるのもいい。

意外に結婚しやすい50代!?　年齢別の最新事情（女性編）

一方で女性の年齢の節目は次のようになっている。

〈女性の年齢の節目〉

●（～）28歳
●（29～）32歳
●（33～）35歳
●（36～）42歳
●（43～）49歳
●50歳以上

最初の節目は28歳となる。それまでの年齢の女性は、それ以降の年齢の女性と比較して、婚活を意識する比率は低いかもしれない。それだけに、婚活ライバルは少なく、この時期に積極的に活動すると、有利な点は多い。

「同じように美人で人柄がいい女性でも、28歳までと29歳以降では違います。28歳までなら、自分の希望する男性と結婚できる可能性が高くなるのです」（村田さん）

とくに医師の男性との結婚を希望する場合、相手となる医師は「若さを優先すること」が多く、28歳の節目までが重要になるという。

次の節目は32歳。女性の場合、もっとも結婚がしやすい年齢だ。女性本人も「そろそろ結婚したい」と考える年齢であるし、男性からも選ばれやすい年齢と言える。

しかし、「婚活が成功しやすいか」というと別問題だという。成否は女性自身が「自分をフラットに見られるか」にかかっているという。条件が多すぎないか、臆病《おくびょう》になりすぎていないか、などによって変わってくるという。

「相手が優しすぎて怖いとか、リードしすぎて怖いとか、〝怖がりっ子〟になってしまう人も少なくありませんが、そうなると結婚しやすい年齢を逃してしまいます」（村田さん）

もっとも結婚しやすい年齢である時期を有効に生かすには、自分の器を大きくすることが大事だという。「私はこういう人じゃないと結婚したくない！」とこだわっている女性は、男性から見ると、未熟な女性に映ってしまう。意識して多くの体験をするようにしたり、さまざまな人と会ってみたりして、人とのかかわりにおいて器を大きくすることが重要だという。

次の節目は35歳。このあたりから女性自身が結婚したい男性の年齢と、男性が結婚したい女性の年齢にギャップが生まれ始める。

前述の32歳の節目までは、年上とも年下とも結婚が成立する可能性はあるが、35歳の節目が近くなるとそうはいかなくなることが増える。女性が38歳くらいまでの男性と結婚したいと思っても、アプローチしてくる男性は40代がメインになってしまうからだ。

「ただ、服装などを工夫することによって、年下からアプローチされやすくなるケースもありますのであきらめないでください」（村田さん）

プロから見ると、年上を引き寄せてしまう、あるいは年下を引き寄せやすい服装があるという。それを改善することで、希望する男性を引き寄せることも可能になる。

次の節目は42歳。この節目に近い女性は真剣に婚活をしている人が多く、結婚できるチャンスが大きい年齢でもある。なぜなら、40代後半あるいは50代で成功して余裕がある男性からアプローチを受けやすいからだ。そうした男性は、本音では35歳くらいまでの女性と結婚したいと考えている。高齢出産の一つの目安が35歳になっているからだ。

しかし、現実は難しい。それに気づいたときに、アプローチするのが42歳くらいまでの女性になる。だから、42歳の節目に近づいている女性は、婚活に積極的になることで成果が出るという。

女性の場合、42歳を過ぎると49歳くらいまでは空白の年齢になりやすい。つまり、結婚しにくい年齢となる。しかし、50代になると状況が変わるという。若い世代は、相手に求めるものが多くなりがちだ。

「50代になると母性が勝ち、一緒にいる男性が心地よさを感じやすくなります。甘えられそうだと感じる男性も多いですね」（村田さん）

結果的に女性の50代は結婚しやすい時期になる。

こうした年齢別の環境の違いを意識することで、マイナスをプラスに変える戦略も可能になる。

男性1人に対して女性10人が手を挙げる時代

最近の結婚事情を見ると、男女格差も開いている。結婚相談所の場合、男性が1人手を挙げると、女性が10人手を挙げる時代だという。では、女性のほうが登録人数は圧倒的に多いかといえばそうではないようだ。男女比率は4対6程度で、確かに女性のほうが多いが、1対10ほどの差はない。

つまり、結婚相談所を利用すれば、男性は結婚しやすくなるが、女性はここでも厳しい現実に向き合うことになる。

「ただ、結婚してしまえば、いまの女性はずいぶん気は楽ですね」（ベスカ神戸・福山昭二さん／以下、福山さん）

昔はちやほやされて結婚しても、嫁・姑《しゅうとめ》問題や親戚《しんせき》付き合いなどで大変だった。いまは違う。そもそもそうした付き合いも希薄になっている。また、家事にしても子育てにしても協力的な夫が増えている。

結婚する気がないように見えて実は多くの人に結婚願望あり

少し前に〝おひとりさま〟という言葉が流行し、生涯独身で過ごす人が増えているようなイメージがある。しかし、実態は違うという。

確かに、20代で結婚を焦る人は減っている。昔のように親や周囲から、「結婚しないのか」と問われることが少なくなっているので、「早く結婚しなければ」との意識は薄れているわけだ。

しかし、生涯独身を決めているかといえば、そうではなく、「いずれ結婚をしたいと思っているが、まだ焦ることはないだろう」と思っている人が多いという。

親にしても子どもが20代のうちは、「そのうちいい人を見つけてくるだろう」と思っているケースが多い。結婚を勧めるよりも、「結婚だけが人生ではない」「資格を取って一生困らないようにしなさい」などと言うことも多い。

ところが、35歳を過ぎても子どもが結婚しないままだと、親も焦りだす。

昔は、結婚することが人生の大きなイベントだった。

「〝付き合ったら結婚するのが当たり前〟〝婚前交渉はいけない〟という意識があり、誰もが適齢期になったら結婚をしなくてはいけない、と思っていたので、見合い結婚や職場結婚が次々決まっていきました」（結婚相談室すみれ会・伊集院淑子さん／以下、伊集院さん）

好きでもない相手にお金と時間を使うのはもったいない

いまは女性も自分磨きや仕事を頑張るのが普通になり、結婚を意識する年齢が上がっている。男性にしても、仕事が忙しくて時間がないが、給料が上がらないのでお金がないというケースが増えている。

「だから、女性と付き合う前に、〝好きでもない相手にお金や時間を費やすことは無駄〟と感じてしまい、交際に発展しません。心にゆとりのないまま、流されるまま生活を続けてしまうのです」(伊集院さん)

一方で、男性が結婚をしたいと考えても、女性の社会進出が進み、自分と同じかそれ以上の収入のある人が少なくない。だから、女性も男性にそれなりの収入を期待する。

「男性自身が、告白しても断られたら、自分が傷ついてしまうのを恐れて、行動に移せない面もあります」(伊集院さん)

ひと昔前より、気弱な男性が増えているようだ。

50歳時未婚率を見ると、男性は23・37%、女性は14・06%。結婚しない理由として

図表4　男女の結婚の意志

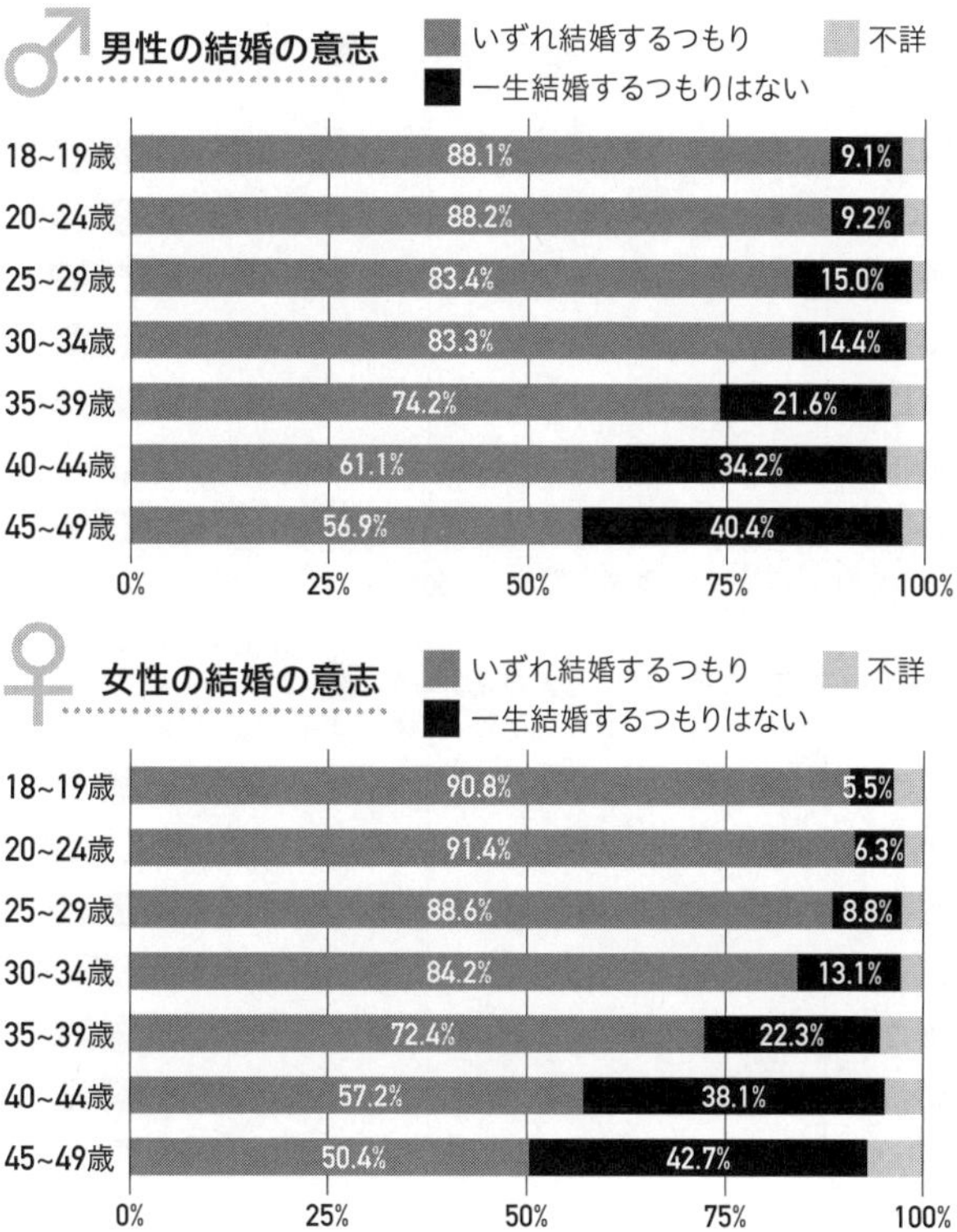

年齢の上昇とともに「一生結婚するつもりはない」人の比率は増えるが、40代後半でも男性の6割、女性の5割が「いずれ結婚するつもり」と答えている。

※出典：国立社会保障・人口問題研究所「第15回出生動向基本調査」(2015年)をもとに作成

図表5　結婚生活に利点があると思うか

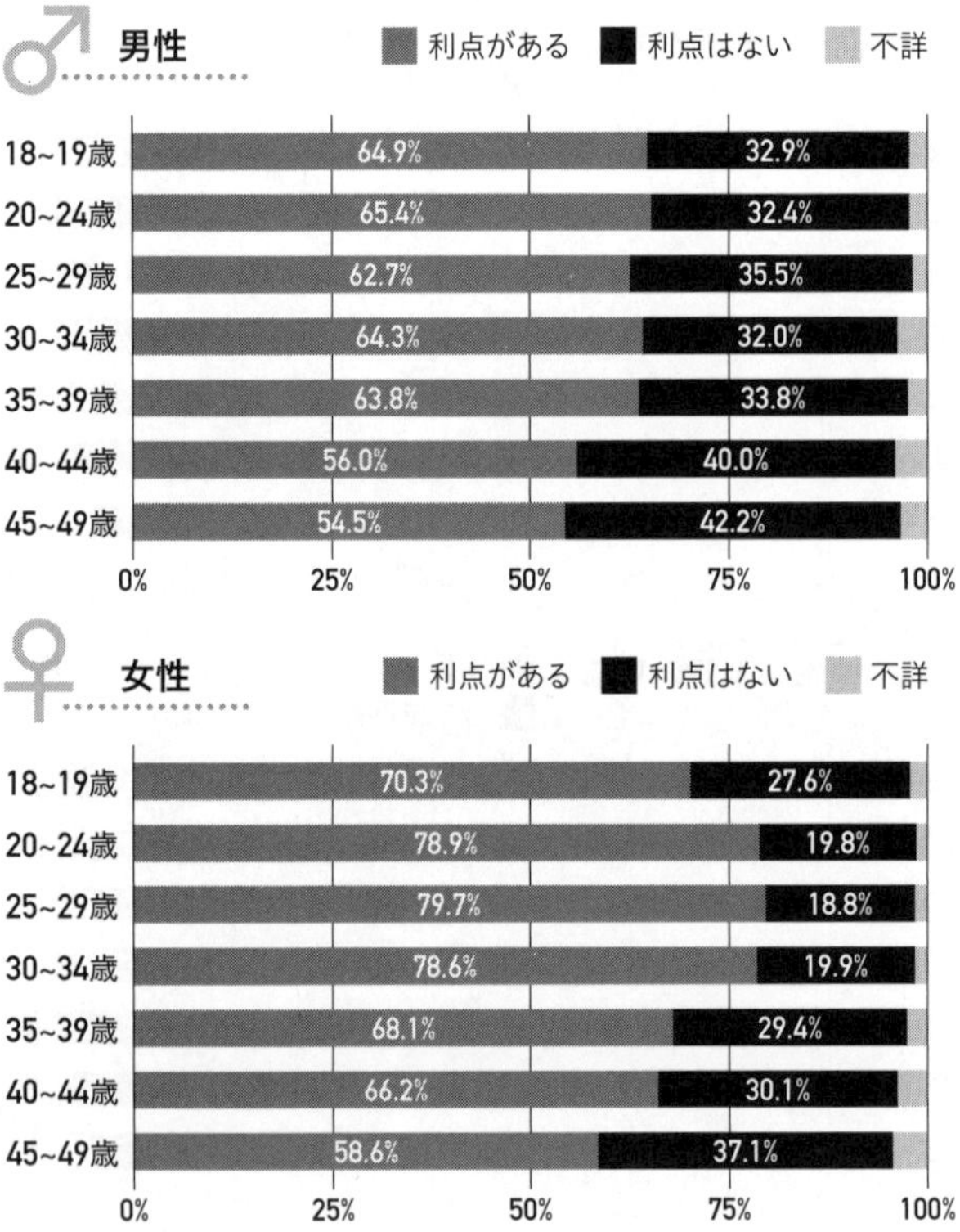

男女ともに年齢が上昇するに連れて、「結婚に利点がある」と答える人の比率は減るが、40代後半でも半数以上が「結婚に利点がある」と回答している。

※出典：国立社会保障・人口問題研究所「第15回出生動向基本調査」（2015年）をもとに作成

図表6　結婚にはどんな利点があると思うか(未婚者)

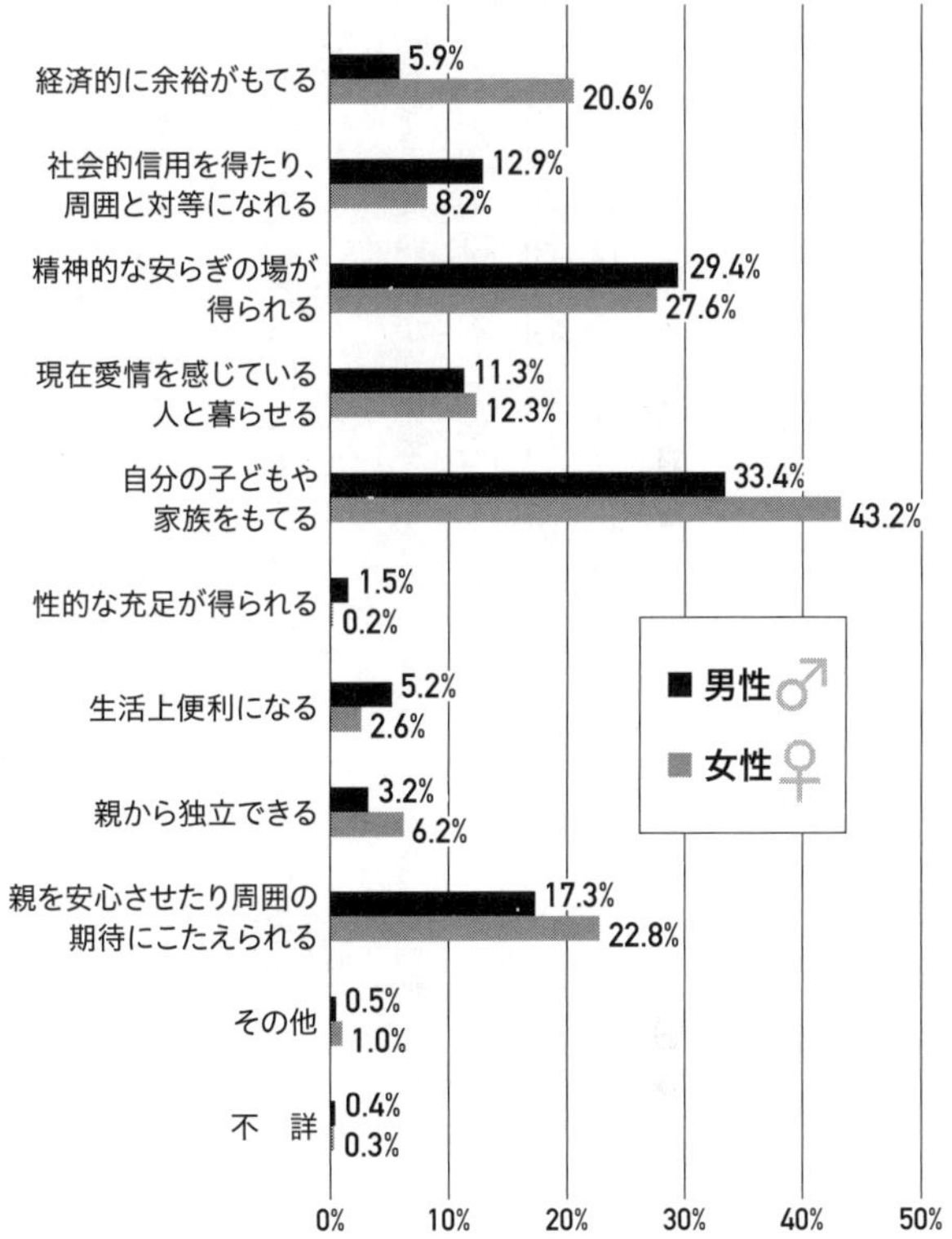

男女ともに「自分の子どもや家族をもてる」ことや「精神的な安らぎ」に利点を感じる人が多いが、女性は「経済的な余裕」に利点を感じる人も多い。

※出典：国立社会保障・人口問題研究所「第15回出生動向基本調査」(2015年)をもとに作成

出会いの場がない、恋愛するのが面倒くさい、お互い気を遣いながら付き合う時間がもったいない、お金がないなどが挙げられている。

「しかし90％の人は結婚したいと考えているのです」（伊集院さん）

結婚したいときに〝できない〟ミスマッチが多発

結婚したくない人が増えているのではなく、自分が結婚をしたいと思ったときに結婚できない人が増えていると言える。

男性の年収が伸び悩んでいるのも一つの原因だ。

「女性が３００万円の年収であれば、結婚相手の男性には６００万円を希望する人が多いです。いまだに男性には経済的に依存したい、依存できる男性と結婚したいと考えている人は少なくないので」（伊集院さん）

統計的には共働きが一般化して、男性は、「共働きが普通」という意識でいるが、女性からしてみれば、「働かないですむならそうしたい」という結婚への期待がどこかにあるのかもしれない。

図表7　婚活男女の「飲酒」「喫煙」と成婚しやすさ

飲酒の有無	成婚しやすさ（100%＝平均） 男性	女性
飲む	122.41%	99.70%
付き合い程度	99.67%	103.37%
飲まない	71.58%	87.67%

喫煙の有無	成婚しやすさ（100%＝平均） 男性	女性
吸う	57.55%	33.30%
あまり吸わない	66.39%	57.10%
吸わない	105.71%	100.70%

男性の飲酒は、「飲む」ほうが成婚しやすいが、女性の飲酒はあまり関係なさそう。喫煙は男女ともに「吸わない」ほうが成婚しやすい。

※出典：ＩＢＪ「成婚白書」(2019年度版)

女性が希望する年収基準を満たすことは簡単ではない。ネットで、「女性が結婚相手に希望する年収は600万円」などという記事を見て、男性は「まだまだ結婚できない」とあきらめてしまう。

しかし、40代半ばになり、ようやく年収基準を満たすころには別の問題が発生する。男性の年収がある程度上がってしまうと、今度は男性側が、「若い女性と結婚したい」と望むようになってしまうのだ。

互いの希望が合わない状態がいつまでも解消されない。アンバランスになってしまうわけだ。

「婚活では年収や年齢などの条件が先行してしまいがちですが、そのために〝人柄〟が後

回しになってしまうと、仮に結婚しても4年ぐらいすると、破綻《はたん》を迎えるケースが多いですね」（伊集院さん）

結婚できない子どもにしないためには、できるだけ早い段階で結婚を意識させることが重要になる。子どもとの会話の中で、親が結婚についてマイナス面の話をするのはもってのほかだ。もっと結婚のよい面を話す。そして、早い段階で独立させる。

一人っ子がなかなか結婚しない理由とは？

親が婚活教育をすべきという点は村田さんも同じ意見だ。

「私には3人の子どもがいますが、1年のあいだにみんなが結婚しました。女の子2人と男の子1人なのですが、最初に結婚したのは妹。すると、先を越された姉が、〝急がなきゃ〟と焦り、ぼんやりしていた長男もまずいと思ったんでしょうね」（村田さん）

兄弟姉妹というのは一つの社会だ。他の兄弟よりも親に認められたいという競争がある。大げさにいえば弱肉強食の中で育っているので、誰かが先に結婚をすれば、他の兄弟姉妹には焦りが生まれる。

しかし、一人っ子の場合にはそれがない。

「一人っ子の方が一生独身だと、老後が心配だろうと思い、一人っ子婚活をしてみましたが、難しかったですね」（村田さん）

一人っ子であれば、親の相続でもめることはないが、結婚しなければ本当に一人になってしまう。元気なうちは想像できないかもしれないが、自分で自分の面倒を見られなくなったときの不安は大きい。

子どもに結婚の意志があるなら親もできるだけ理解を示したい。

しかし、息子や娘が結婚したい相手を連れてくると、何かとケチをつける親も多い。自分の子どもが一番だと思っている親が多いので相手に不足を感じるのは仕方ないのかもしれないが、結婚するのは親ではない。

成人した子どもが自分の相手として彼女や彼氏がふさわしいと思うなら、それを尊重すべきではないか。それよりも結婚しなかったときのことを考えてみるべきだという。

実際に子どもが結婚して孫ができてみると、反対していた親も喜び、子どもの結婚が間違っていなかったと感じるケースが多いという。同居していた子どもが結婚して家を出てしまえば、寂しくなると心配する親も多いが、実際に寂しいと感じるのは2、3日で、それよりも子どもが結婚したことの喜びのほうがはるかに大きくなるという。
仲のよい母と娘の場合、母親が娘を手放したくなくなるケースは少なくないが、いざ結婚してみると、息子を1人プレゼントしてもらったようで、幸せ感が増すケースが多いという。
「ちょっと病院に行きたいときにお嬢さんの旦那《だんな》さんが車を出してくれたり、〝お母さん大丈夫ですか〟と心配してくれたり、いいこともたくさんあるのです。親御さんが価値観を変えることが必要ですね」（村田さん）
子どもの結婚は本人の幸せだけでなく、親にとっても幸せなことである、マイナスではなくプラスなのだということを認識すべきだという。

感情的になる前に自分の責任を意識せよ

子どもと結婚の話をするとき、思わず感情的になってしまう親も多い。子どものことを心配するあまりそうなってしまうのだろうが、親が感情的になってしまえば、子どもは拒否反応を示し、何も伝わらなくなってしまう。

「冷静に話をできる親御さんは少ないですね。子どもがなかなか結婚しないことに対して心配するあまり感情的になってしまうのですが、その原因は親御さんにあるんですよ。私が親御さんにお話をするときは、〝あなたが子育ての最終段階を放棄した結果がいまであることを忘れないでください〟と伝えます。親御さんが目を覚まして、子どもが結婚できない責任は自分にもあることを理解してほしいのです」（福山さん）

仮に35歳から婚活を始めて1年後に結婚できたとしても、36歳になっている。女性が36歳で結婚すれば、子どもが生まれるのは40歳を超えるケースも少なくない。

逆に、男性が36歳で結婚して40歳で子どもが生まれれば、20歳になるころに父親は60歳を迎えていることになる。会社の定年が引き上げられているとはいえ、60歳になってから以降も子どもの学費を負担するというのは難しいし、自分の老後資金の備えも難しくなってしまう。

そのようなシミュレーションを、「子どもと冷静に話し合うべき」というのが福山さんの意見だ。

ネット時代の子どもに反論できない親の知識不足

親が子どもに、「結婚しないと、こんなことになる」と言っても、子どもによっては「いまはこれが常識だよ。そんなことも知らないの?」と反論してくることもある。そうなると、親にしても最近の情勢に疎いことを実感しているので、「そんなものか」と思ってしまう。

インターネットで検索すれば、結婚に関する情報はいくらでも入手できる。

「ネットの情報はネガティブなものが多いですから、結婚すると自由がなくなるとか、そんなことばかり、目にしてしまいます。実際には、いいこともたくさんあるにもかかわらず、子どもはネットがすべてだと思ってしまうので、結婚をネガティブにとらえてしまいます」(福山さん)

親にしても、ネガティブな情報に反論できない。結婚のすばらしさを親が語れないことが大きな問題だという。

前章で述べたように、社会環境も結婚を遅らせる要因の一つだ。

28～29歳になり、友達の中に結婚する人が出始めてようやく結婚を意識するようになる。自分の置かれている状況に気づく。初めて危機感を感じて婚活パーティーに行き始めるのが典型的なパターンだ。

「急に結婚を考えてもすぐに相手が見つかるわけがありません。たとえば、いい学校に入学させようと思えば、小学校1年生、2年生ぐらいから準備を始めて受験に備えるわけです。20代前半から親が結婚について、子どもに話をしていたら、そんなことにはならないはずです」（福山さん）

30歳を目の前にして現実に気づくわけだから、結婚が遅くなるのも無理はないということだ。

女医の結婚観を見習うべき理由

女性の社会進出により、まじめで有能な人ほど、20代から30代前半にかけて仕事にのめりこみ、プライベートを考える余裕がなくなったことが晩婚化につながっている。

就職したらまず、男性以上に社会に要求されることを果たさなければ認められない、と考えてしまう。とくに責任感の強い女性や几帳面《きちょうめん》な女性は、会社で頑張ると、「やるべきことはやった」との達成感が得られる。

そこまで頑張っていると、「結婚したい」との想いより、「家で誰にも気を遣わずに休みたい」と思ってしまう。

事実、婚活を経て結婚が決まりそうになると、女性は喜ぶ前に、「寝る暇がなくなるのではないか？」「忙しくて体がもたないのでは？」と仕事との両立を心配するケースが多いという。

「ところが、キャリア女性の中でも女医の世界だけは特殊です」（村田さん）

職業柄、女性が出産に適している年齢についての知識が深いことが一つ。もう一つは、男性は結婚相手に若い女性を求めていることを肌で感じている。だから女医を目指す人は、学生時代から婚活を怠らない人が多いという。

「国家試験の勉強をしながらも、在学中の彼氏との結婚を達成しようと、あの手この手を考えています。その甲斐《かい》があって医学部卒業後1、2年の間に医学部卒同士で結婚する人たちは、卒業生の半分以上に達します」（村田さん）

教授陣が学生結婚を推奨している医大もあるという。

女医の場合、仕事は生涯続けるのが普通であるし、どんどん忙しくなっていくから、できるだけ若いうちに結婚、出産を済ませてしまおうというライフプランだ。

「個人的には、医学部以外の世界でも、女医さんたちの結婚観が一般的になっていってほしいと切望しています」（村田さん）

少子高齢化による社会保障制度の崩壊を防ぐ有効な手段は、ほかにないと考えているからだという。

男女雇用機会均等法が女性の価値観を変えた

女医のケースは除くとしても、キャリア女性の場合は、どうしても結婚が遅れてしまう。昔は家庭で普通に刷り込まれた「出産にはベスト年齢がある」との価値観が、いまの家庭では植え込まれていないのもその理由かもしれない。その結果、「いつまでに結婚しなくては」との目標がない。

最近の女性は、「40代でも出産できるから」と考え、40代半ばになってから「子どもがほしいから」と婚活を始める人もいるという。

もちろん、出産できる可能性はあるが、妊娠確率が下がることや高年齢出産のリスクはある。そのことをしっかり考えているキャリア女性はあまり見かけないという。

一方で子どもが欲しい男性は、32歳までの女性と結婚したいと望む人が多い。40代で出産が可能だったとしても、男性が若い女性を望んでいるとすれば、結婚相手はなかなか見つからない。

「いまの20代の女性の母親たちが子育てをしていたのは、男女雇用機会均等法が施行されたあたりの時期にあたります。一般職ができて、一部の優秀な女性は、男性と互角に働いてきました。しかし、多くの女性は〝結婚後はパート程度〟という働き方を続けています」（村田さん）

だから母親は、「女の子だから」とか「もらってくれる人のあるうちに結婚しなさい」とかとは言わずに少しでもいい学校に入れるよう、塾通いをさせてきた。

ある東大卒の女性キャリア官僚は、入省以来、仕事だけを頑張ってきてふと気づいたら40歳になっていたという。出産も子育ても意識しないまま年齢を重ねてしまったわけだ。慌てて婚活を始めたそうだが、それに近いことが多くの女性に起こっている。

逆に最近の20代には、職場の40代キャリア女性を見て、「これはマズい、早く結婚して地道に家庭を築こう」と考える層が増えているという。

村田さんの2人のお嬢さんは20代だが、周囲を見回すと27歳あたりで半数程度が結婚し、平成元（1989）年生まれのご子息の同級生は、すでに7割程度が結婚をしているという。

「家庭だけでなく仕事にも生きがいを見つけた女性たちが、仕事で男性以上に活躍を成し遂げた結果、再び、家庭を持つ良さを感じたのかもしれません」（村田さん）

婚活パーティーの正しい活用法とは？

婚活のため、パーティーを利用する人も多いと思うが、婚活パーティーで結婚まで至るのは難しいという。

「婚活パーティーは、同性を見に行くためのものです。ライバルがどんな洋服を着ているのか、どんな会話をしているのか、どんな人がモテるのか、そういったことの研究の場と考えたほうがいいでしょう」（村田さん）

婚活パーティーを出会いの場と考えると、くじけてしまうという。パーティーはあくまでも練習の場と考えたほうがよさそうだ。婚活アプリも同じだ。

「アプリは、異性の反応を知るため、コミュニケーション力を上げるために使ってもいいと思います。ただ、いろいろなトラブルも耳にするので、気楽なだけに自己責任が前提です」（村田さん）

理想の結婚相手に必要な意外な条件

結婚相手を選ぶときの条件には、年収、年齢、見た目などさまざまある。もちろん、人柄も重要だ。
しかし、結婚してから「これは重要だ」と、あらためて気づく条件もあるという。福山さんが結婚歴5年以上の夫婦に聞いてみたところ、意外な答えが返ってきたという。
「それは〝ネガティブな感情が似ている〟という方が多かったんですよ」（福山さん）
恋人同士であれば、「好きな食べ物が一緒」「趣味が同じ」であればうまくいくだろう。しかし、長く一緒に暮らすとなると違うらしい。生活を共にする上で大事なのは、「嫌いなものや苦手なものが同じ」であることが大事になるというのだ。

誰でも嫌いなものや苦手なものは避けて通りたい。「好きになれ」と言われてもどうにもならないし、苦痛に感じる。その気持ちを共有できることが大事なのだ。
「ただ、〝嫌い〟と〝興味がない〟はまったく別モノなんですよ」（福山さん）
興味がないものであれば、気にしない、放っておけばいい。たとえば、相手の好きな食べ物に興味がなかったとしても、自分が食べなければいいだけの話なので、問題は生じない。
しかし、嫌いなものは無視できない。毎日のように自分の嫌いなものが食卓に並んでいたらどうだろう。目にするだけで苦痛に違いない。〝ネガティブな感情〟という視点も重要な要素として考えたい。

第3章

結婚しない子どもの気持ちがわかるヒント

告白して断られるのが怖い……傷つくくらいならおひとりさまがマシ

四十路《よそじ》で結婚しない人の中には、「告白して断られたらどうしよう」と、自分が傷つくのを恐れて、一歩が踏み出せない人が多いという。

30代のうちは、自分で街《まち》コン（地域振興を目的とした大規模なコンパイベントのこと）に行ったり、合コンに行ったり、友達の紹介で会ったり……、機会があれば、婚活をしている人も多い。「結婚しない」と決めているわけではない。

男性で、とくに正社員ではなく派遣で仕事をしている人で、収入が200万円台、300万円台の層は、強く結婚を望んでいるケースが多いという。その分、婚活もある程度熱心にしている。

「ただ、年収が低めの場合は、条件的には悪くなってしまうので、副業をするとか、転職をするとか、まずは収入アップの道を探すことをアドバイスしています」（しあわせ相談倶楽部・村田弘子さん／以下、村田さん）

一方で、収入に限らず全体的な傾向としては、30代までは、「いい人がいれば結婚した

図表8　独身でいる理由（45〜49歳）

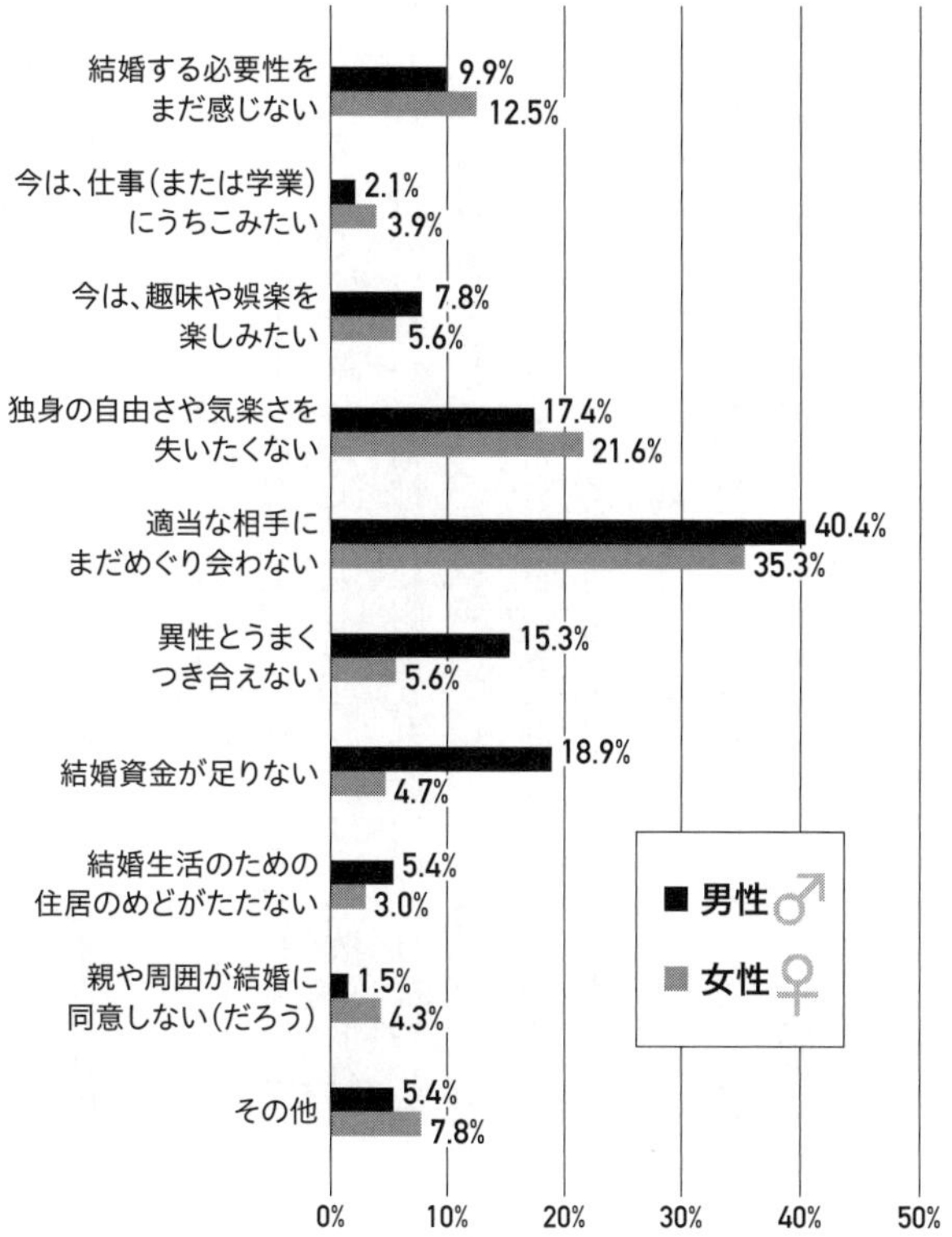

40代後半の未婚者が結婚しない理由のトップは男女ともに「適当な相手にまだめぐり会わない」だが、「独身の自由を失いたくない」という人も多い。

※出典：国立社会保障・人口問題研究所「第15回出生動向基本調査」（2015年）をもとに作成

い」と思っているものの、仕事中心の生活で出会いもなく40歳を超えてしまうと、見た目も衰え、出遅れた感が漂うケースも多く、そうなると本人も結婚するのが面倒になっていく。

その裏には、プライドがあり、いまから婚活を一生懸命やってうまくいかなかったら、自信を失ってしまう——。そんな気持ちが婚活を邪魔しているのではないかというのだ。

とくに仕事面では順調な人生を歩んできた人は、失敗に慣れていない。もし、婚活でしくじったら、自分自身が「精神的に耐えられないのではないか」と考えて、尻込《しりご》みをしてしまう。その裏返しとして、「結婚なんてしたいとは思わない」とか「結婚したってうまくいかない」とか、自分で自分に言い聞かせている面もあるそうだ。

昔から女性には、「断られるのがいやだから告白できない」という傾向があるそうだが、いまは、男性にも同じことが起きているわけだ。

結婚相談所に入会しても、自分からはなかなかアクションを起こさない人が多いという。ましてや日常的な生活の中では、結婚につながるような行動はほとんどとっていない人が多いのだろう。

収入が高い男性ほど結婚したがらない。その本音とは？

年収が低めの男性が婚活に熱心な一方で、年収の高い男性の中には、結婚に消極的な人が少なくないという。

「婚活パーティーには参加するのですが、本音では結婚をしたいとは思っていないのです」（村田さん）

つまり、恋人は欲しいが、結婚はしたくない。そう思っているわけだ。とくにクリスマス前などはパーティーに積極的に参加するという。

結婚をしたくない理由はさまざまなことが考えられる。昔の恋愛体験が影響している場合もあるし、結婚して自由がなくなるのを避けたいという気持ちもある。

とくに最近では、仕事をバリバリこなした上に、自分で料理もつくれるので、結婚する必要性を感じない男性も多いという。いったん結婚してしまえば、「早く帰ってきて」とか、「もっと稼いで」とか、うるさいことを言われる。それなら、高機能家電をうまく使って家事をこなしたりしたほうが、よほど楽と考えている。

お金をつくりたいから結婚しない人もいる。自分で独立して仕事をしている人に多いそうだが、「自分はここまで稼げるようになった」ことがステータスと感じ、さらに売り上げを増やすことに全力を注いでいるので、結婚どころではない面もある。

あるいは、変な女性と結婚して離婚になれば、慰謝料として自分の稼いだ資産を半分、渡さなければいけないかもしれない。いままで自分がゼロから積み上げてきたものを失う恐れがあるので、恋人がいれば十分、結婚はしないという人もいるのだ。

結婚して仕事を辞めたい女性と、「共働きが必須」と考える男性のすれ違い

最近は仕事で活躍する女性が増え、結婚後も共働きをするケースが多いが、実は「結婚を機に仕事を辞めたい」と考えている女性も少なからずいるという。

上場企業に勤務していて年収の高かった女性が結婚の直前になって、「いまの会社は疲れて嫌だ」とか、「もう辞めたいなー」といった話になることもあるという。男性にしてみれば、「話が違う」ということになる。

反対に最近の男性は、バリバリ働いている女性を好む傾向がある。結婚後も共働きでお

金を稼いでくれれば助かる。お金だけではない。緊張感や責任感を持って、ずっと社会とつながっている女性に魅力を感じるケースが多いという。

それなりに稼いでいる男性には、「結婚して自分がＡＴＭにされたらたまらない」との思いもある。

「働く大変さもお互いわかち合いつつ、仕事上のことも対等に話せる、刺激しあえる関係を男性は望んでいます」（村田さん）

女性の社会進出が進んだいまでも、専業主婦を希望する女性は少なくないというが、男性としては、もはや共働きが前提で、それができない女性とは結婚を考えられないところまできているのかもしれない。

婚活パーティーや結婚相談所で出会った相手と結婚することになった場合、交際期間が短いケースも多いだろう。いざ結婚してみると、「妻が仕事を辞めてしまった」とならないよう、男性は気をつけておかなければいけないとも言える。村田さんは結婚を決める前に、仕事を続ける気持ちがあるのかを相手の女性にきちんと確認するように勧めているという。

親の離婚がトラウマになって結婚に踏み切れない

結婚をしていない人の中には、親の離婚で嫌な思いをしたことから、結婚に前向きになれない人がいるという。

そういう人は、「なぜ結婚しないのか」と聞かれると、「愛情は長続きしないから」と答えることもあるという。自分の両親も最初は好きで結婚したにもかかわらず、気持ちが冷めて離れてしまった。その事実が受け入れられない。

「それが女性の場合、わざと〝ダメンズ〟といわれるような危険な男性、結婚には適切でない人を恋人にして、女性としてもっともいい時期を過ごしてしまい、結婚を逃してしまう傾向があります」（村田さん）

そんなときに村田さんは、「あなたとお母様は違うし、離婚したといっても、結婚したおかげであなたというかけがえのない宝物が誕生したわけでしょ。そのことに関しては、お母様も絶対、幸福だと思っているはず」と伝えるという。

一方で離婚後、母親に引き取られた男性の場合には、父親は、「出ていった人」と認識している。だから、母親が苦労して育ててくれている姿が頭に焼き付いている。

相手に自分の母親と同じ思いをさせたくないとの気持ちから、とてもいい結婚をするケースが多いという。母親からは少なからず、父親の悪い面を吹き込まれているし、「父親のようにはなるな」と言われて育ってきた人も多いので、父親を反面教師にしているのかもしれない。

その意味では、離婚してシングルマザーとして娘を育ててきた母親は、娘が結婚に対してネガティブな感情を抱いていないか、気遣っておく必要があるだろう。

娘は母親に遠慮して、自分から離婚のときの話を持ち出しにくい。母親にしても離婚で娘に傷を負わせたという気持ちがあるから、結婚について娘には話しづらい気持ちはあるだろう。

しかし、母親から、「離婚はしたけれど、結婚は悪いものではない」ことを娘に伝えなければ、結婚に対するネガティブな感情を持ち続けることになってしまうかもしれない。それは親の務めだろう。

実際に離婚して子どもを育ててきた女性には、自分の人生に満足しているケースが多いという。であれば、それを子どもに伝えておくべきなのだ。

ある70代の女性の場合、離婚して子ども3人を自分の手で育てることになったが、「元夫にすごく感謝している」ことを子どもたちに伝え続けているという。

「彼がいなければ、3人の子宝に恵まれることはなかった」というわけだ。元夫にすごく感謝していること、子ども3人を自分に残してくれたことをいろんな人に伝え、子どもにも伝えている。その結果、3人の息子や娘も結婚して、いまは孫に恵まれているという。

「自分の思っていることを、勇気を持って言葉にしてあげないと、お子さんには伝わりません」(村田さん)

それが子どもに伝わっていないと、仮に結婚相手が見つかっても、「自分だけ幸せになっていいのか」と悩んでしまうこともあるという。自分も結婚してよかったのだから、あなたも結婚してくれたらうれしい、との親の気持ちを伝えるべきだという。

離婚はバツイチではなくマルイチの時代になった

離婚するかもしれないことを恐れて結婚に積極的になれない人がいる一方で、離婚率は高水準が続いている。それだけ離婚のハードルが下がっているということだろう。

図表9　婚活男女の「婚姻歴」「子どもの有無」と成婚しやすさ

婚姻歴	成婚しやすさ（100%＝平均） 男性	成婚しやすさ（100%＝平均） 女性
初婚	98.94%	101.50%
再婚	110.41%	92.40%
再々婚以上	59.58%	50.00%

子どもの有無（婚姻歴がある場合）	成婚しやすさ（100%＝平均） 男性	成婚しやすさ（100%＝平均） 女性
あり（同居）	78.21%	80.50%
あり（別居）	90.05%	56.80%
なし	113.98%	134.80%

男女ともに再婚までは成婚しやすさは初婚とあまり違いはない。ただし、子どもは「なし」のほうが成婚しやすい。

※出典：ＩＢＪ「成婚白書」（2019年度版）

昔は、周囲が離婚を許さない雰囲気があったし、仮に離婚すれば行き場がなかった。とくに女性の場合は、近所などの目があるからと、実家でも〝帰ってくるな〟と言っていたような状況だった。

しかし、いまは、〝そんなに辛《つら》いならすぐに帰ってきなさい〟となる。戻る場所があるから、離婚がしやすくなっているわけだ。もちろん、我慢が足りない面もあるだろうが、離婚することで新たな道が開けるなら、それは本人にとってもプラスになるだろう。

「離婚する人も増えていますが、代わりに再婚する人も増えています。昔は離婚するとバツイチとか言っていましたけど、私自身はマル一つ、マルイチと思っていますね。自分の

中でそういった意識のチェンジがあります」(ベスカ神戸・福山昭二さん/以下、福山さん)
「離婚するかも」と、結婚に消極的になるのであれば、「離婚してもいいから一度結婚してみるか」と考えるほうが未来は開けるのかもしれない。

自信を失う男性が急増。結婚をあきらめざるをえない日本の状況

結婚をするか、しないか、自ら選べる時代になったいま、あらためて結婚生活を考えてみると、なかなか明るい未来は描けない社会状況だ。

以前は結婚する時点で年収が低かったとしても、徐々に給料が上がって、生活が楽になる、と明るい未来を予測することができた。しかし、いまは違う。給料が上がるどころか、いつリストラされるかわからない環境にある。

結婚してマイホームを購入したり、子どもが生まれて教育費が必要になったりしたときに、それを乗り切れる自信が持てない。必ずしも「結婚=幸せ」ではなくなっているというわけだ。

「ですから、男性が結婚を意識した途端に自信を失うことになります」(結婚相談室すみれ

図表10　婚活男性の「年収×年齢」と成婚しやすさ

100％＝平均　　　　　　は100％を上回る層

年齢	300万円以下	300万円以上	400万円以上	500万円以上	600万円以上	700万円以上
～24歳	—	—	—	—	—	—
25～29歳	0.0%	6.8%	59.9%	336.6%	481.4%	589.8%
30～34歳	0.0%	5.4%	42.9%	162.0%	372.5%	520.8%
35～39歳	0.0%	12.9%	33.8%	103.3%	183.8%	336.7%
40～44歳	0.0%	7.6%	22.6%	61.5%	100.7%	163.0%
45～49歳	0.0%	3.2%	10.7%	30.7%	62.8%	95.3%
50～54歳	0.0%	3.6%	9.0%	11.7%	34.7%	36.8%
55～59歳	0.0%	5.9%	15.6%	13.7%	16.5%	32.6%
60歳～	0.0%	24.5%	21.5%	31.2%	16.3%	21.5%
全体	0.0%	8.6%	26.8%	79.7%	134.6%	171.4%

年齢	800万円以上	900万円以上	1000万円以上	1500万円以上	2000万円以上
～24歳	—	—	—	—	—
25～29歳	434.6%	0.0%	0.0%	0.0%	325.9%
30～34歳	545.9%	291.0%	352.4%	191.7%	325.9%
35～39歳	398.9%	378.1%	312.7%	391.1%	169.0%
40～44歳	243.4%	278.3%	271.1%	185.0%	154.8%
45～49歳	150.6%	189.2%	190.0%	207.1%	136.9%
50～54歳	98.7%	88.9%	116.1%	125.4%	85.8%
55～59歳	17.7%	53.6%	94.4%	123.3%	93.1%
60歳～	65.2%	31.0%	50.7%	79.5%	33.1%
全体	211.5%	209.0%	206.5%	185.3%	121.3%

男性の場合、20代～30代は年収500万円以上、40代は700万円以上、50代は1000万円以上が成婚しやすい年収となっている。

※出典：ＩＢＪ「成婚白書」（2019年度版）

会・伊集院淑子さん／以下、伊集院さん）
一方で結婚を希望する女性は高い年収の男性を好む。たとえば、30代で自分の年収が400万円であれば、年収800万円くらいの男性を求めてしまう。女性に希望を聞いてみると、「私に何かあったときに困るので、やはり年収は私の2倍くらいほしいです」となるという。
仮に年収800万円の男性がいたとしても、その男性が選ぶかは別だ。
「日本の男性はとても保守的で、1歳でも若い相手を選ぼうとしています」（伊集院さん）
その結果、結婚したい人同士の希望が合わず、結婚に至らないというミスマッチが生じているわけだ。
最近は共働きが増えていることを考えれば、夫婦ともに年収400万円なら、世帯年収は800万円になる。それだけの年収があれば、もう少しゆとりのある家計が考えられる。結婚相手に対する希望について、意識を変える必要があるかもしれない。
最近は婚活アプリなどが簡単に利用できるようになって、相手が簡単に見つかるイメージもあるが、実際に利用してみると、年収や年齢の条件で検索されるので候補の対象外となってしまう。

人柄などは一切評価の対象とならない。結局、相手が見つからず、だんだん卑屈になり、「結婚なんてしなくていい」となってしまう。

「晩婚化が進んだ、結婚しない人が増えたというより、結婚したいと考えるタイミングが人それぞれになってしまったために、互いの希望が合わず結婚に至らない〝非婚化〟が進んだのではないかと思います」（伊集院さん）

派遣の仕事を好む人が増えて、結婚から遠ざかっている

日本では一度、派遣などの非正規社員として働いてしまうと、正社員になるのは難しいと言われている。

とくに就職氷河期と言われた１９９０年代後半に就職活動をする時期を迎えた人は、就職先がなかなか見つからず、やむを得ずアルバイトを続けたり、派遣社員として働いていたりする人が多い。

正社員でない場合には、ボーナスが支給されなかったり、社会保障が十分に受けられなかったりするケースも多く、結婚がしにくい面がある。

しかし、派遣で働いている人の中には、正社員への道が開けず、やむを得ず派遣をしているのではなく、自分から進んで派遣の道を歩んでいるケースが少なくないという。

「派遣で働いている人に聞いてみると、その立場が結構、心地いいようですね。中には派遣という働き方をあえて選んでいる方もいます」（婚活ＩＭＡ・今村倫子さん）

派遣で働いていると、正社員よりも会社を辞めるハードルが低い。だから、その職場が自分に向いていなければ、辞めて次へ移ることができる。その結果、次々と職場を変えていくことになるが、一定の年齢までは仕事が途切れることもないようで、派遣という比較的気楽なスタイルに慣れてしまうと、正社員を目指す気持ちは薄れてくるようだ。

そうした社会情勢が結婚事情にも大きな影響を与えている。ある意味、〝気楽に働く〟道を選んでしまうと、結婚からは遠ざかってしまう。

気になるなら、ズバッと聞いたほうが子どもも話しやすい

子どもが三十路《みそじ》や四十路になっても結婚しなければ、親としては心配になるが、最近は子どもに気を遣う親が増えていて、「なぜ結婚しないのか」となかなか聞けないこともあ

る。

遠回しに聞いてみたり、探りを入れてみたりする親もいるだろうが、もっとも効果的なのは、率直に聞くことだという。

ある母親は一人暮らしをしている息子に電話をかけたという。

「今日は、日曜日だったけど、あなたは何をしていたの？」

母親がそう聞くと、息子はこう答えた。

「1人で近くの居酒屋に行って、お酒を飲みながら食事してきたよ」

昼間から1人で酒を飲んでいたというのだ。母親は息子が休日に誰にも会わず、1人寂しく、店のカウンターで酒を飲んでいる姿を想像し、思わず、「あなた、結婚はどうなっているの！」と聞いてしまった。

すると息子は、「コンパでも行ってみるか」というので、母親が「見合いでもしてみる？」と聞くと、拒否反応はなかったという。

よく聞いてみると、過去にもコンパには参加してみたが、友達で終わってしまい、その先に進まなかったという。だから、本気で婚活をするなら、もう少し、強制力のある形で進めたほうがいいと、息子自身も思っていたという。

そんなとき母親に、「見合いでもしてみる？」と聞かれたので、素直に受け入れる気になったという。

余計な気を回さず、ズバッと聞いてみたほうがお互いざっくばらんに話せることもあるようだ。

婚活費用を親が出すと子どもも本気になる

婚活費用の援助を親が申し出るのも効果があるという。

とくにいまの20代、30代は、婚活資金を親に負担してもらうことに、「申し訳ない」との気持ちが大きいという。だから、援助してほしいと自分から言い出すことはできない。

とはいえ、自分で使えるお金は限られているので、十分な婚活はできない。一人暮らしならなおさらだ。都市部の賃貸マンションに住んで家賃を支払い、食費を支払って、洋服も買って、となると、ほとんど余裕がない。

婚活費用はもちろん、デート費用さえままならないのが本音だろう。であれば、親から援助を申し出ることによって、子どもは、「そこまで言ってくれるなら、婚活を頑張ってみるか」との気持ちにもなりやすい。

図表11　結婚する場合の最大の障害は何か（未婚者）

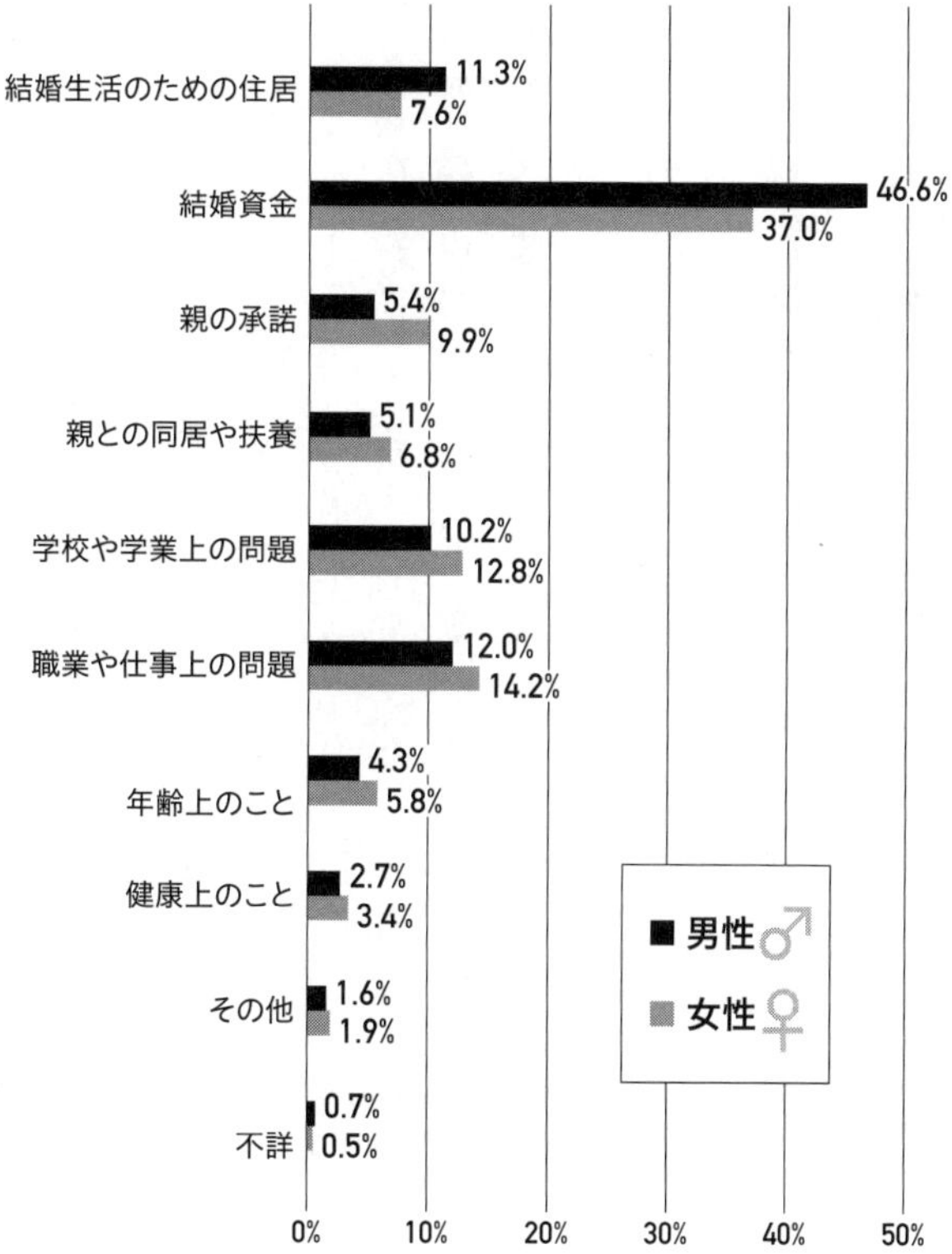

結婚をする上で最大の障害だと感じているのは、男女ともに結婚資金だという。逆に考えれば、結婚資金のめどがつけば、結婚する可能性が高いと言えるかもしれない。

※出典：国立社会保障・人口問題研究所「第15回出生動向基本調査」（2015年）をもとに作成

もし、親に余裕があるなら、資金援助をするのも結婚のチャンスをつかむために有効だというわけだ。資金援助をきっかけに、結婚について親子で真剣に話をする機会も得られるだろう。

なかには、結婚相談所に来て、「お金だったら使いきれないほどあるが、普通の幸せが得られない」と嘆く親もいるという。

子どもが結婚しないことで徐々に夫婦仲もこじれていく。「おまえは何をやっているんだ」と父親が母親を責めるケースも少なくないからだ。これは父親の責任逃れのケースが多く、それが母親の心労になっている。もはや、「相手は誰でもいいから結婚してほしい」とさえ思ってしまう。

そこまで悩むなら、親から子どもに、「お金を出すから婚活してみたら」と提案してみるのも有効なのだ。

何か親から提案をしたほうが子どもも受け入れやすい

親からすれば、子どもが結婚に関して何もしていないように見える場合でも、子どもなりに頑張っているケースは多い。その背景には、結婚したい気持ちがもちろんあるし、親に心配を掛けたくないとの思いもある。親に聞かれる前に自分で何とかしようと、努力しているわけだ。

それでも、「なかなかうまくいかない」と思っているときに、親から感情的に言われると、つい反発してしまう。

つまり、「どうなっているのか」と聞くよりも、何か親から提案をしたほうが子どもも受け入れやすい。前述の「婚活費用を出そうか」というのも、その一つの方法というわけだ。

第4章

「結婚できない」子どもを「結婚できる」子どもに変えたエピソード

「結婚できない」子どもを見分けるサイン

自分の子どもが、「結婚できない」のか、「結婚する気がないのか」、どちらなのか？　親からしてみれば気になるものだ。しあわせ相談倶楽部・村田弘子さん（以下、村田さん）は、これまでの経験から、本人がある程度のサインは発しているという。

本人は結婚したいと思っているのに、結婚できない息子や娘には次のような特徴があるという。

〈結婚できない息子、娘の特徴〉

□オシャレにあまり気を遣わない。

□女性の場合はとくに、華やかな色の服装を避け、女性として見られることを避けようとする。ふわっと巻いた髪などで女性らしさを出すことが苦手。つい、ひっつめにしたり、トップにボリュームのない髪形をしている。

□恋愛で失敗した経験がない。交際経験がほとんどない。

□恋愛経験がないため、むしろ大恋愛で結婚したい願望が大きい。絶世の美女と結婚したがったり、白馬の王子のような男性にばかりお見合いを申し込んだりする。結果としてお見合いが成立しにくい。ほどほどということを考えられない。

□婚活も当たって砕けろということが実践できない。断られるくらいなら先に断ろうとする。お見合いを断られるのが怖くて、申し込みできない。

□学歴や身体的なコンプレックスがある。結婚が決まりそうになると、逃げたくなって破談にする。

□婚活資金が足りず、親にも相談できない。結婚はしたいができない。

以上の項目を一度確認してほしい。当てはまるものがあれば、それが障害となって結婚ができないケースもある。簡単には克服できないものもあるが、改善する努力をする、親も可能な範囲で協力するのは効果的だろう。

図表12　婚活男性の「学歴×年齢」と成婚しやすさ

100%＝平均　　　　　　　　　（網掛け）は100%を上回る層

年齢	義務教育	高卒	専卒	高専卒
～24歳	0%	164%	0%	0%
25～29歳	0%	69%	129%	232%
30～34歳	33%	87%	126%	230%
35～39歳	33%	90%	96%	114%
40～44歳	18%	60%	68%	67%
45～49歳	27%	49%	47%	48%
50～54歳	23%	35%	41%	16%
55～59歳	33%	16%	44%	0%
60歳～	10%	20%	0%	86%
全体	33%	51%	66%	91%

年齢	短大卒	大卒	院卒	その他
～24歳	0%	219%	0%	0%
25～29歳	66%	163%	275%	328%
30～34歳	154%	168%	247%	109%
35～39歳	140%	151%	217%	47%
40～44歳	63%	108%	150%	101%
45～49歳	48%	85%	91%	39%
50～54歳	58%	48%	49%	82%
55～59歳	41%	40%	30%	0%
60歳～	36%	28%	56%	0%
全体	73%	106%	166%	57%

男性の学歴と年齢から見た成婚しやすさ。成婚しやすさが平均を上回るのは、高卒の場合24歳まで、大卒、院卒で44歳までとなっている。

※出典：ＩＢＪ「成婚白書」（2019年度版）

図表13　婚活女性の「学歴×年齢」と成婚しやすさ

100%＝平均　　　　（網掛け）は100%を上回る層

年齢	義務教育	高卒	専卒	高専卒
～24歳	0%	149%	335%	0%
25～29歳	0%	107%	203%	478%
30～34歳	335%	119%	168%	167%
35～39歳	134%	138%	135%	134%
40～44歳	502%	83%	91%	0%
45～49歳	61%	69%	76%	0%
50～54歳	0%	41%	31%	84%
55～59歳	335%	29%	38%	74%
60歳～	20%	23%	8%	0%
全体	99%	84%	121%	103%

年齢	短大卒	大卒	院卒	その他
～24歳	223%	124%	0%	0%
25～29歳	169%	180%	159%	134%
30～34歳	143%	135%	131%	103%
35～39歳	101%	100%	125%	402%
40～44歳	68%	57%	76%	167%
45～49歳	43%	40%	31%	0%
50～54歳	37%	21%	38%	0%
55～59歳	15%	22%	0%	0%
60歳～	28%	22%	74%	0%
全体	79%	108%	113%	117%

♀ 女性は男性ほど学歴による成婚のしやすさには差がみられない。学歴よりも年齢が若いほど成婚しやすいことがわかる。

※出典：ＩＢＪ「成婚白書」(2019年度版)

「結婚する気がない」場合のサイン

多くの人は結婚をしたいと思っているが、一部には結婚する気がない人もいる。自分の息子がそれに該当するかどうかは、日ごろの行動でおよそわかるという。

たとえば、起業などをして高収入を得ている息子の場合、「独身を長く続けたほうが、若い子といつまでも遊べて自由だ」と思っている可能性がある。

そんな息子の行動としては、出会い系アプリで知り合った女性と遊んだり、風俗通いをしたりしているケースがみられることもある。

また、ある程度の年収があり、外見もそれほど悪くないのに結婚する気がない息子は、そもそも結婚をいいものだと考えていない。育った過程で、ひずんだ結婚観を持ってしまった可能性が高い。

両親が離婚したことで愛や家庭の価値を信じられないケースもある。過去の女性経験から、結婚は束縛だと決めつけている場合も多い。

そういう息子は、「お金さえあれば、男性は50歳でも60歳でも結婚して、子どもを持てる」と考えている傾向がある。

「自分は何歳になっても、32歳くらいまでの美人で可愛くてスタイルのいいほっそりした人が好みなのです」（村田さん）

起業家など、お金を一人の力で稼ぎ出している息子、稼いだ金額で人と比べる人の中には、一部ではあるが、将来をお金の面だけで考え、家族をつくる豊かさを描けない人がいる。

お金がすべての成功の証《あかし》だと考えている。誰とも会わずに、アフィリエイトやトレーディングで稼いでいたりする人にも、一部こうした傾向がみられる。

こうした高収入の人の中には、結婚で失敗して離婚したら財産を半分女性に取られることが怖くて、結婚に踏み切れない男性もいる。

一方で、年収３００万円台までの男性の場合は、「結婚する気がない」というより、本音ではしたいのだが、できないという場合が多い。実際には、年収３００万円でも、夫婦共働きをすれば、生活は可能だが、婚活パーティーにしても、結婚相談所にしても、婚活女性は年収で相手を検索するので、どんなに人柄がいい男性でも出会いのチャンスが得られない。それでも30代の間は、街《まち》コンなどで頑張ってみるが、40代になると自信を失い、あきらめてしまうことが多い。

高学歴で美人の娘は結婚できない!?

親が経営者や医師、あるいは地主などの資産家で、本人も美人で高学歴の場合には、婚期が遅れる可能性が高い。外資系金融機関や、官庁、財閥系企業に勤務して年収1000万円以上を得ている場合も同じだ。

そうした女性は、自分の条件がいいため、徹底的に相手を選ぶ傾向がある。当然相手にも、1000万円以上の年収を求めるので、周囲からは、「あの人は、結婚する気が本当にあるのか」と見える。

一方で、外見は十人並み、決してモテるタイプではない、年収600万円程度の大企業勤務の女性で35歳から45歳の場合には、ダメンズを引き当ててしまい、結果的に結婚に至らないケースが少なくない。

そうした女性の場合、勤務先企業への愛社精神が大きく、プライドが高い。しかし、結婚となると、婚活アプリなどで結婚には向かない相手を引き当ててしまう確率が高い。

なぜなら、結婚相談所のお見合いなどで美女に負けることが許せないから、ダメンズであっても自分を慕ってくれる男性の存在が心地よく感じられるからだ。結果として結婚に結びつかない。

それでも、子どもは欲しいので婚活はやめないが、気が強くそこまでの外見力がないために、なかなかうまくいかない。

そんなことをしているうちに、徐々に結婚への気持ちがなえてくる。その場合、結婚より先にマンションを購入したりする。

はたから見ると、結婚する気がなくなってしまった人に見える。そして、会社（仕事）が恋人のようになっていき、定年まで勤め続ける。

結婚しない、できない五つのパターン

さまざまな理由があって、「結婚できない」、あるいは、「結婚しない」のだが、総合すると大きくは五つのパターンに分かれるという。

〈結婚できない、しない五つのパターン〉

1　結婚すると自由な時間がなくなる、一人の時間が持てなくなると考えている。

2　結婚したいができない。結婚したい人から断られることを恥ずかしく思い、周囲には結婚したいとは言えないため、する気がないと言っている。

3　結婚に自信がない。生育過程で親の夫婦関係から、結婚を肯定できない場合も多くみられる。

4　離婚などで不幸な母親を見た男性は逆に幸せな結婚をする傾向がみられるが、女性の場合は男性が自分をいつか捨てるものと刷り込まれているので、結婚が怖くてしたくないと思っている。

5　結婚したら自分は仕事を辞めて楽になりたいと考えている女性の場合。しかし、収入がなくなると、いままで好きに買っていた服、化粧品が買えなくなったり、エステ通いができなくなったりする不安があるので踏み切れない。

母親の号泣が結婚する気にさせた

男性は母親への思いが強く、母親に心配を掛けたくないと思っている。ある男性のケースでは母親に号泣されて結婚を決心したという。

「男性は母親の涙に弱いですね。〝うちは嫁も来ないのか〟と号泣して、50代の息子に結婚を決意させたお母様もいらっしゃいますね」（村田さん）

母の涙ほど息子を動かすものはない。夏休みや正月で息子が帰郷したときに、泣くのも効果的なようだ。

一方で、娘の気持ちを動かすのは、「母親の激怒」だという。ある女性の母親は、結婚しない40代の娘にしびれを切らし、「来年の春には家を壊して、長男と暮らす二世代住宅を建てるから、それまでに結婚して出て行け！」と宣言したそうだ。

「それがきっかけとなり、そのお嬢さんは、命がけで婚活に集中し、最高の伴侶《はんりょ》とゴールインしました。女性の場合は、こんな風に親が娘への遠慮を捨てて、一回本気で大きな声を出すと、本気になるケースもありました」（村田さん）

いずれは結婚しようと思いながら、ずるずる時間だけが過ぎてしまっている場合、このような荒療治が効果的になるケースもある。ただ、子どもに結婚する気がない場合には、逆に傷つけることになりかねないので、注意が必要だ。

さりげなく置かれた見合い相手の写真は必ず見る

息子や娘が自分で結婚相手を見つけてこない場合、親が見合い相手を探すこともあるだろう。しかし、「この人と見合いしなさい」と写真を渡しても、素直には応じないケースが多い。そんな場合には、何気なく相手の写真を置いておくのも効果的なようだ。

こんなケースがあったという。

お盆休みに娘が帰省した際に、母親が、「最近、彼とはどうなの？」と問うと、娘は悲しい顔をしたまま、黙ってしまった。

そのとき母親には、見合いを勧めたい男性がいたが、「こんな人がいるけど、どう？」などと、言ってしまっていいものか迷った。「ほっといて」「うるさい」となってしまっては逆効果だ。

そのとき村田さんが父親に勧めた方法がある。

父親が経営者だったので、娘に「経営者の集まりで、友人から〝この人にいい女性を紹介してくれ〟って頼まれて困っているんだけど、誰かおまえの友達で適当な人いないかなあ」と言わせたのだ。そして、リビングに相手の写真を置いておいた。

そうなれば、多くの場合、両親がリビングにいないときに、写真を見るという。その結果、このケースでは、娘が会うことになり、見事ゴールインしたという。

オタクが陥りやすいマッチングアプリのワナ

家でアニメを見たり、ゲームをしたりしているのがもっとも楽しい――。そんなオタク的な生活もいまや市民権を得ている。しかし、親にしてみれば、外出もせずに家に閉じこもりがちな子どもが心配になるだろう。三十路《みそじ》や四十路《よそじ》になっても、そのままであればなおさらだ。
「オタク系の方も別に結婚したくないと思っているわけではありません」（村田さん）
派遣で仕事を頑張っているが、もともとあまり社交的ではないために、休みの日は家で一人、アニメや特殊な趣味などを楽しんでいる。そんなパターンも多いのだ。

そうした人の場合、結婚したくないわけではなく、家で過ごしている間に月日はどんどん過ぎていき、結果として、「結婚は無理かな」と思っているに過ぎない。何かのきっかけで危機感を感じて、マッチングアプリを使って婚活をしてみると、うまくいかず、結婚相談所に電話をかけまくることがあるという。

「私のところにも、年に2、3人、そういった方からの問い合わせがありますね。すごく慌てていて、あちこちに電話をしているようで、〝いまからすぐに面談に行っていいですか〞なんて言ってきます」（村田さん）

話を聞いてみると、「僕はいま、派遣なのでこれだけの収入ですけども、どうしても結婚したい」と。「でも、ほかで断られてしまいました」というのだ。

いままで、家に引きこもってゲームばかりしてきたけれど、何とか結婚できないかとあがいている。あちこちの結婚相談所に断られたあげく、「外国の女性だったら結婚できると聞きましたけど本当ですか？」と聞いてきたこともあったという。

ゲームオタクは結婚する気がないわけではなく、周囲にはわからなくても、本人は焦っているケースもあるのだ。

年下男性を希望する女性に言っておきたい一言

最近は、女性が年下の男性を好む傾向があるという。しかし、現実には難しい。

「女性の方に結婚相手の希望を聞くと〝私は、年下でもいいんです〟という方が増えていますね」（村田さん）

そのような女性の場合、本音では年下の男性を望んでいるという。芸能界では、年下の男性と結婚して幸せになっている女優などが話題になる。それを見て年下の男性にあこがれているのではないかという。

「女優さんでもそうですが、年下の男性とうまくいっているカップルは、目立たないところで女性がすごく努力しています。それを知らずに年下男性に夢を抱いても、うまくいきません」（村田さん）

たとえば、年下の男性と結婚したある女優の場合、表向きは女優とマネージャーのような関係で、年下の夫が女性の言いなりになっているように見えても、人が見ていないところでは夫に敬語を使い、判断を求めたり、プライベートでは夫に尽くしたりしているという。どこかでバランスをとっているわけだ。

それも知らずに、年下男性が好きというだけではうまくいくはずもない。

男性の年収５００万円以下は結婚しにくい

結婚の条件として相手の年収は大きな部分を占めるが、女性は男性にどの程度の収入を求めているのか。その平均値は年収５００万〜６００万円だという。

逆に年収２０００万円以上を稼ぐ女性の場合には、相手の年収を気にしないケースもある。お金よりも家に帰ったときに温かい家庭があったり、話し相手がいたりする、精神的な満足を求めるのだろう。主夫の存在を求めるわけだ。

だが、一般的にいえば、男性は年収５００万円以下になると、結婚はしにくいようだ。もし、それを下回る年収の場合は、まず収入アップを目指したほうがいい。

なぜなら、婚活パーティーや結婚相談所の場合、条件が先行して相手を選ぶことになるので、平均的な条件を備えていなければ、そもそも検索に引っかからないということになる。

しかし、職場や友人の紹介などで出会う場合は違う。偶然に出会う場合には、人柄が先行することもあるので、必ずしも年収が基準になるわけではない。その意味では出会いの方法によって、必要な条件は変わってくるということになる。

結婚相談所でも、年収が低い男性の場合、人柄を前面に出して結婚にこぎつけることもあるという。婚活する本人同士が検索で相手を探してしまうと、条件が先行してまったく相手にされない人が出てしまう。

そんなときは、男性の相談を受けた仲人《なこうど》が直接、別の仲人に売り込んで、男性の人柄を知ってもらう。その仲人に気に入ってもらえれば、「とりあえず会ってみること」を勧める。仲人同士が、「この2人なら性格が合うはず」と確信して勧めているわけだから、実際に会ってみると、互いに気に入って条件は二の次になってしまうこともある。

ただ、条件を超えて婚活を成就させるには、何より本人の魅力が重要だ。会話する力などを磨いておくことで結婚しやすくなるという。

派遣で働く女性は副業で婚活力を高める

結婚する力を高めるために、村田さんは副業を勧めているという。派遣で働いている人の場合、その働き方が自分に合っていると考えている人も多いので、正社員になるのは難しい。それでも空いた時間を利用して副業にチャレンジすることは可能だ。たとえば、女性の場合、結婚して出産すると、子育て期間中はどうしても仕事をセーブしなければならない。そのときに、家にいながら稼げる副業があれば大きく違う。

仮に収入が月に数万円であっても、それがあるかないかでは大違いだ。婚活で男性が女性を選ぶときにも、それはプラスになる。年収は低くても、副業の収入を得る能力があるとわかれば、「この人には生活力があるに違いない」と考え、ずいぶん印象が変わる。男性にしてみれば、副業で得られる収入の額よりも、副業で稼ぐ力があること自体が魅力的に映るはずだ。

「せっかく婚活で苦労したのだから、その経験を生かして婚活カウンセラーになったら？と勧める場合もありますよ」（村田さん）

つまり、大掛かりなものではなくても、ちょっとした工夫で収入を得る方法はいくらでもあるというわけだ。そうした視点で社会と付き合っていれば、相手の男性も「この女性は少し違うな。魅力的だな」と感じる。

「実際にお小遣い稼ぎができるようになれば、それが一番ですが〝もっと私が稼げるようになりたい〟と思っていれば、情報収集しますし、男性の苦労もわかります」（村田さん）

年収1000万円以上の男性の場合、経済的な依存をする女性に警戒しているので、稼ぐ意志のある女性はポイントが高い。

副業の第一歩として村田さんが勧めるのは、アフィリエイトを利用することだ。誰でも一つや二つの特技はあるものだ。それをブログに書いていく。どんな分野でも少なからず共感してくれる人がいる。ブログに広告を張り付けて閲覧者の数によって、収入が得られる方法もある。

選ぼうとするな。「選ばれる」ことを考えろ

婚活を始めると、どんな相手を選ぼうかと考える人が多い。「そんな気持ちでは結婚で

きない」というのが福山さんの考えだ。

「婚活を始める人にはまず、〝選ぼうとするな〟と言いますね」（ベスカ神戸・福山昭二さん／以下、福山さん）

それよりも「選ばれるようにしろ」というわけだ。そうすれば、考え方が１８０度変わる。

「まず感謝から入らなければなりません。こんな私を選んでくれてありがとうという気持ちが大事ですよ」（福山さん）

とくに女性の場合、婚活している女性の数に対して、男性の数は圧倒的に少ないので、婚活パーティーにしても結婚相談所にしても、選んでもらえたとしたら、まずは素直に喜んで感謝するのが大事だという。

仮に見合いをして最終的に断ることになったとしても、相手に会った時間はすごくありがたいものだから、「お互い会ってよかった」と思えるような時間にしなければならないということだ。

汗をかいて行動すれば、ネットでわからない情報が見えてくる

婚活をするなら、まずは、自分の立ち位置を確認することから始めたほうがいいという。ネットなどで情報収集するのも有効だが、それだけに頼ると現実が見えてこない可能性が高い。自分が行動して汗をかいて情報収集することも重要だという。

たとえば、婚活パーティーに自分で足を運べば、どんな人が婚活をしているのかがわかる。同性にはどんなライバルがいるのか、異性にはどんな人がいるのか。その中で自分の条件は有利なのか、不利なのか、立ち位置がわかる。

「結婚したことがない人が結婚の良さを語れないように、婚活をしたことがない人は婚活の現状がわかりません。まずは行動して、現状を認識して自分の立ち位置を見極めることが大事です」（福山さん）

世の中はどんどん便利になって、マッチングアプリやオンライン見合いとか、さまざまなサービスが出てきている。しかし、自分で汗をかかないとわからないことは、まだまだ多いということだ。

「実際に相手が自分に合うかどうか、オンライン見合いでは判断できないと思いますよ。相手の息吹は感じませんし、フェロモンも伝わってきませんしね」（福山さん）

オンラインにもメリットはあるが、それだけに頼りすぎないことも重要だということだろう。

自分と相手の「バランスをとる」ことが大事

結婚には、バランスが大事だという。バランスを無視した婚活は成立しにくいが、それを理解できないのは本人よりも、むしろ親に多い。

ある母親は、娘を医師と結婚させたいと考えて結婚相談所を訪ねた。学歴や勤務先などのデータは比較的良い女性だったが、外見的に見れば、これといってアピールできるポイントがない。

年齢も30歳そこそこ。それでも母親はネットで医師の男性ばかりを選んで打診してみるが、NGの連続だ。

「医師の男性は、きれいな20代の女性を好む人が残念ながら多いため、バランスがとれな

いのです」（結婚相談室すみれ会・伊集院淑子さん／以下、伊集院さん）

その母親がそこまで医師にこだわるのは、「いい家系図をつくりたいから」だという。親族に医師はいないから、娘と結婚させて家系図に入れたいと。第三者からみれば滑稽《こっけい》だが、本人は真剣だ。

結局、その女性は3年ほどの婚活を経て、20歳ほど年上の医師と結婚した。30代前半の女性に対して、50代前半の男性ということになる。

外見的にアピールポイントのない女性が医師と結婚するためには、20歳年上でちょうどバランスがとれるということを意味する。それがいいか悪いかは別にして、婚活ではそれが現実ということになる。

母親は、「お父さんとあまり変わらない年齢じゃない」と驚いたが、結局は結婚した。

「結果的にそのお嬢さんはお子さんを3人産んで、ご主人もすごく人柄の良い人でしたから幸せになったと思いますよ」（伊集院さん）

バランスをとることが大事なのは年収でも同じ。仮に年収300万円の男性が結婚したいと考えた場合、普通であれば難しいのだが、まだ若ければ可能性があるという。

「最近は年下が好きな女性が多いですから、年収が低い男性でも五つくらい年上の女性を

選ぶと、バランスがとりやすいですね」（伊集院さん）
女性が年収400万円であれば、男性の年収300万円と合わせて世帯年収は700万円になる。年上女性と年下男性であれば、男性の年収が低くてもバランスがとれる可能性がある。一度会ってみて、男性の人柄がよければ、成立する可能性が高いという。

異性が何を求めているか、理解せよ

結婚できない人のタイプがあるとすれば、「それは異性が求めていることを理解できない人、ということになりますね」（良縁コンシェルジュ町田《まちだ》・佐野浩一さん／以下、佐野さん）という。
たとえば女性が男性にもっとも求めるのは、経済力だ。
「女性にとって、なぜ経済力が大事かというと、女性はやはり生活の安定を求めている人が多いからです」（佐野さん）
もちろん、それは絶対条件ではなく、経済力が少し劣っていたとしても、一生懸命に家事や育児を担ってくれる男性であれば、女性はその部分に安心・安全を感じて、結婚が成立することがある。

デートをするにしても同じだという。女性とデートをすることになれば、男性は少なからずプランを立てるわけだが、女性が本質的に求めているものを理解した上でプランを立てていないと、自分勝手なものになってしまう。

たとえば、最初のデートで食事をしたときに、割り勘にしてしまう男性に安心・安全は感じにくいという女性は少なくない。女性からしてみると、結婚したとき、この人は本当に私と子どもを守ってくれるのだろうかと不安になるという。

男性にしても悪気はないのだろうが、本質的に女性が求めていることを理解していないと空回りしてしまう。

年収の高い男性は、年収の高い女性を求める

結婚後は専業主婦を希望する女性はいまだに多いが、そんなことを条件に書いたら、相手は見つからない。

男性の収入が高ければ高いほど、相手の女性にも高い年収を求める。経済的に依存され

るのは嫌だし、最近の男性は自立している女性を好む傾向がある。

その意味では、現在の20代、30代は男性にしても女性にしても、比較的自立している人が多いのでお互いの希望が合いやすい。

問題は、40代だという。いまの40代の人が就職したころは、就職氷河期と呼ばれ、正社員になれなかった人も多い。正社員になった人でも転職を繰り返し、転職のたびに条件が悪くなっている人も少なくない。十分に稼げないことで実家暮らしが続き、経済的に親に依存しているケースもある。

男性にしても、女性にしても、経済的に安定している相手を選びたいと考えるから、派遣で働いている人よりも正社員を選ぼうとする。とはいえ、いま派遣の人が急に正社員にはなれないので、バランスをとるためには、年齢差ということになる。

「婚活で成功するには、経済的自立と精神的自立の両方が必要なのだと痛感します」(婚活IMA・今村倫子さん/以下、今村さん)

婚活する前に、しっかり仕事をして、自立しなければ結婚相手も見つからないということになる。昔は玉の輿《こし》、逆玉の輿などという話もあったが、いまでは結婚で生まれ変わるようなストーリーは期待しないほうがいいということだ。

妥協するのではなく〝妥当な相手〟を探すのが大事

婚活して結婚相手が見つかったとき、「この人がいい」と自信を持って判断するのは難しいだろう。

長い間、婚活してやっと見つかった相手なら、多少、合わない部分があっても、妥協して結婚しようかと思う一方で、「本当にそれでいいのか」と問いかける自分もいる。とくに、「結婚しない」という選択肢もある現代であれば、なおさらだ。

あとになって、「これなら、ずっとおひとりさまのほうがマシだった」と後悔したくないだろう。

考えてみれば、どんなにすばらしい結婚だとしても、１００％理想の相手などそう見つかるものではない。そんなとき、結婚すべきかどうかをどこで判断すればいいのか。

「私がお勧めするのは、妥協するのではなく、妥当な相手を選びなさいということです」（今村さん）

妥協と妥当はまったく違う。妥協は自分が結婚相手に求める条件を無視して結婚してしまうことだ。対して妥当は、自分の理想とは違うが、自分と釣り合った相手を選ぶこと、と言える。自分にとって妥当な相手を見つけるのは簡単ではないが、多くの候補者と会ってみれば、徐々にそれがわかってくるという。

「自分を知って、自分が一番幸せに生きることができる相手が徐々にわかってきます」（今村さん）

たくさんの候補者に会って、妥当な人を探し出すと、後悔もしにくい。多くの人の中から、「もっとも自分に合った人を選んだ」という満足感があるからだ。

とにかくたくさんの人と会う、それも婚活のコツと言えるかもしれない。

「一歩踏み込む勇気」があるかどうか、それが分かれ道になる

たくさんの候補者の中から、妥当な人を選ぶ場合、何人目で決断するかが悩ましい問題となる。たとえば、2人目に会った人がとてもいい人で、結婚すれば幸せになれそうな気がしたが、まだ2人目だからもっといい人がいるのではないかと、お見合いを続けた。しかし、振り返ってみると、2人目の人が良かったのではないかと後悔するケースだ。

「実際に結婚して幸せになれるかどうかは、少し会っただけではわかりません。自分にとって妥当な相手かもしれないと思ったら、一歩踏み込んでお付き合いしてみるしかありません」(今村さん)

結婚相談所の場合には、仮交際と真剣交際の2段階がある。仮交際は見合いの後、互いに付き合ってみたい場合に、ひとまず交際を続けてみる段階。

真剣交際はさらに一歩踏み込んで結婚前提で付き合う段階だ。真剣交際に進んだからといって、必ずしも結婚をしなければいけないというわけではないが、この段階では二股《ふたまた》をかけることはできない。一人の相手のみと真剣交際が可能になる。

真剣交際の段階にならないと、互いに踏み込んだ話がしにくい面がある。子どもは欲しいのか欲しくないのか、欲しいとしたら何人か、家事の分担はしてくれるのか、育児は2人で協力するのか、さまざまなことを確認する。

その中で相手が自分にとって妥当かを判断することになる。結婚相談所を介さない場合は、ここまでシステマティックにはできないが、交際を始めた相手が自分にとって妥当な相手かを確認するためには、結婚後の生活を想像し、相手との意識がどれくらい近いかを確認してみるのも大事だろう。

第5章

「結婚する気のない」子どもを「その気にさせた」ストーリー

親孝行な子に効く「とりあえず、試してみて」

結婚する素振りがなくても、30代では7～8割が「いずれ結婚するつもり」と考えている（73ページ参照）。その気持ちをうまく引き出せば、結婚に前向きになってくれるはずだ。

しあわせ相談倶楽部・村田弘子さん（以下、村田さん）が勧めるのは、「親孝行だと思って、ちょっとだけ試してみて」と伝える方法だ。いまの三十路《みそじ》、四十路《よそじ》には、親思いの子どもが多いという。その気持ちに訴えかけるのだ。まずは、親が情報収集をし、子どもの結婚につながるような場を探す。見合いでもいいだろうし、婚活パーティーあるいは結婚相談所を探すのもいいだろう。その上で、「親孝行だと思って、ここに参加してみて」と子どもに伝えるわけだ。

親が気づかないうちに、子どもが自分で婚活をしているケースも多い。それでもなかなかうまくいかないので、「結婚する気がない素振り」をしているケースも多いのだ。しかも、親のことは気にかけている。「親孝行だと思って……」と言われれば、「仕方ないなあ」と言いつつ、行動に移すことも多いだろう。

「40代後半から婚活を始めたのですが、結婚できないまま50代になってしまった男性のケースでも、母親を安心させるために本気になり、めでたくご結婚されたケースはあります」(村田さん)

結婚しないまま50代になってしまうと、本人は、「もう無理じゃないか」と半ばあきらめてしまうかもしれない。しかし、母親の一押しがあることで、「母親を悲しませたくない」との気持ちが生まれ、頑張れるケースもあるのだ。

「息子さんや娘さんからすれば、〝結婚しろと言うなら、いい人を連れてきてよ〟というのが本音ですから、親御さんが積極的に動いて成功するケースも多いですね」(村田さん)

理想の高い子どもの気持ちを変える、たった一つの方法

結婚しない男性の中には、理想が高すぎてうまくいかない人も多いという。

「ご自身は結構な年齢になっているのに、自分はこれから子どもが欲しいから、若い子じゃなきゃいやだ、と言っている人がいます」(村田さん)

ある男性も、すでに定年が数年先に迫っているにもかかわらず、30代の女性との結婚を

望んでいるために結婚できずにいたという。

そこで村田さんはこう伝えた。

「○○さん、もう定年まであとちょっとですから、どうでしょう。35歳までの相手を探していらしたけど、友達みたいな感じで、もう少し年齢の近い方とも会ってみるのはいかがですか……」

相手探しをしている段階では、年齢やその他の条件で、「絶対譲れない」と言っている人でも、実際に会ってみると考えが変わる人も多いという。だから、理想が高くて、結婚できない息子や娘の場合には、「何はともあれ候補者に会わせてみる」のも、一つの方法だという。

「以前も〝再婚の女性は絶対に無理〟と言っていた初婚の男性がいらしたのですが、実際に会ってみたらとても気に入って、ご結婚されたケースもあります」(村田さん)

架空の相手を想定して結婚を考えている段階では、さまざまな条件が出てきてしまうが、実際に会って、相手がいい人で自分と合うことがわかれば、条件など関係なくなってしまう。そんなものだ。

「女性の場合も、最近は〝年下と結婚したい〟と望む人が多いのですが、実際に会ってみ

て気に入れば、条件は関係なくなることも多いですね」（村田さん）

結婚前の欠点は、結婚後の利点になる

婚活で候補者に会った場合、「無口だから」とか、「話題がつまらないから」とか、そんな理由で断ってしまうことも少なくないという。しかし、相手の欠点と思えるところが、結婚後に利点になることもある。

結婚相談室すみれ会・伊集院淑子さん（以下、伊集院さん）は、２人の息子さんを育て、２人とも40代になるという。２人の息子さんは無口であまり口数が多くはない。長男は大学の同級生と結婚して20年になるという。

あるとき、長男の妻に、「無口で物足りないでしょうね」と話しかけた。

すると、彼女はこう答えたという。

「何を言っても許してくれるし、好きなようにさせてくれるのでとても楽でいいですよ」

「これはお嫁さんが賢いのです」と伊集院さんは言う。

夫が細かなこと一つひとつにうるさかったらどうだろうか。それなら、何を聞いても、

「あっそう」で終わってしまうほうが何倍も楽というわけだ。

「お見合いした女性に〝どうだった？〟と尋ねると〝相手が無口なんです〟と、残念そうに言うケースがあるので、私は〝よかったじゃない〟と伝えるのです」（伊集院さん）

女性にしてみれば、男性がほめたり、リップサービスをしたりしてほしいと望むわけだが、結婚後もそれが続くわけではない。であれば、無口なほうがいい。結婚前におしゃべりな相手は結婚後も変わらないはずだ。日常生活の細かなところを一つひとつ指摘してくるかもしれない。最初から無口な人は結婚しても無口なはずだから、そういう心配もないだろう。

何事もプラスに考えることが重要だということだ。息子や娘が婚活で見つけた相手に「〇〇だから」と難色を示すことがあれば、「無口とおしゃべり」の例を話して、発想をプラスに転換することを勧めるのもいいだろう。

結婚するか、親の介護をするか、究極の選択

最近は、「親の介護をどうすればいいか」が人生の課題になっている。徐々に衰えてい

く親の姿を見て、「やはり結婚しておけばよかったかも」と後悔する子どももいるという。

実家暮らしで親が元気なうちは、何かと自分の面倒を見てくれるので、何不自由なく暮らすことができる。

「しかし、親が60歳を超えてくると、徐々に体力も衰えて先行きが不安になる。親が亡くなり、自分が取り残されたときのことが現実味を帯びてくるのです」（良縁コンシェルジュ町田・佐野浩一さん／以下、佐野さん）

それから慌てて婚活をするのもいいが、気づいたときには本人が50代になっているケースも少なくなく、年齢が上がっている分、チャンスは少なくなってしまう。

であれば、子どもが三十路、四十路の段階で、「結婚しないなら、俺たちの介護してもらうからな」くらいのことを言って、親が衰えたときのことを子どもに想像させるのも一つの方法と言えるだろう。

既婚者に囲まれる環境に身を置く

普段の行動範囲で、既婚者に囲まれているほど結婚を意識し、独身者に囲まれているほど結婚が遅くなる傾向にあるという。
「とくに女性は周りのことを気にする人も少なくないので、日ごろ既婚者に囲まれている人ほど、20代でも心配になって相談にいらっしゃいますね」（婚活ＩＭＡ・今村倫子さん／以下、今村さん）
既婚者に囲まれる環境に身を置くことは、結婚への近道とも言えるが、昨今ではそのような環境に恵まれる人は少ない。その場合は、ストレートに異性との交流の場へ繰り出すしかない。過去に成功した例を２つ紹介しよう。

【実例１】
異性も既婚者も少ない職場環境。初等科から大学まで女子校の元会員さんの例。結婚相談所での婚活と並行して、月１回の「読書会」や「料理合コン」、「ハイキングの会」に参加。各イベントの主催者が既婚者であったこと、好きなことを通じて異性とコミュニケーションを図れたことで、婚活への緊張がほぐれ短期成婚。

【実例２】

2年前、親交のある結婚相談所と「結婚したらどうなるの？」というタイトルで茶話会を実施。結婚相談所で成婚し結婚したご夫婦3組を招いての雑談の場を設けた。結婚生活のイメージができたことで結婚への不安が消え、婚活への意欲が高まり、結婚後の暮らしを意識してのお相手選びに成功。

年収200万円の息子を結婚させる方法

年収が低い男性の場合、収入の高い女性を結婚相手として希望することが多いが、難しい。

年収200万円の男性から村田さんに相談があった。「安定した暮らしをしたいので、婿《むこ》養子の先を探してほしい」との依頼だった。

地方で暮らしていて、とても性格のよい男性だったが、条件が悪すぎる。婿養子を迎えたいと考えている家は、男性側に学歴や仕事の能力を求める。

「あなたが幸せになるための解決策は婿養子ではなく、収入を上げること、コミュニケーション能力を高めること、と伝えました」（村田さん）

村田さんは、あまり費用をかけずに勉強できる方法や副業の方法などを紹介した。その結果、派遣社員から正社員になることができて、一歩ずつ前に進み始めているという。

冷静に考えてみれば、「生活が不安定だから、婿養子になって生活を安定させたい」という希望には無理があるが、現実に苦しい思いをしていると、つい結婚に救いを求めてしまうこともある。

収入が不安定な息子などを持つ場合には、結婚よりも先に収入を安定させる支援をしたほうが早道だろう。

〝主夫〟という新しい時代の選択肢も

収入アップがどうしても難しい男性の場合、〝主夫〟という選択肢もないわけではないという。昔にはなかった、新しい時代の選択肢だ。

「もちろん、最初から〝主夫になる〟と決めて婚活をするようではうまくいきませんが、出会ったお相手によっては、そういった選択もできるということです」（伊集院さん）

そのためには、女性に、「この人となら主夫であっても一緒にいたい」と思われる必要がある。その確率を高めるためにもっとも重要なのは「時間」だという。ずるずると婚活をして時間を浪費してしまうと、選択肢を失ってしまう。時間は取り戻すことができないからだ。できるだけ若いうちに婚活をすれば、主夫という選択肢もありうる。

「年収が低ければ特技をつくっておくべき」とアドバイスするのは、佐野さんだ。

年収300万円台でも、20代～30代前半であれば結婚相手が見つかる可能性があるが、30代後半になると難しいという。若ければ、「いまは低くてもこれから上がる」との伸びしろに期待もできるが、30代後半になると、それも難しくなってしまうからだ。

その場合には、投資の勉強をして本業以外に稼ぐ方法を身に付けるなど、収入アップにつながる特技を持っているといいという。

「それが難しくても、収入よりも彼の人柄がすごく気に入ったのでついていきますという女性もいます」（佐野さん）

男性の年収が300万円でも、自分の年収を合わせれば生活は成り立つというのだ。

ただ、婚活は就活に似ている。履歴書の代わりにプロフィールを提示して、相手に認めてもらわなければ、人柄をアピールすることはできない。就活の書類審査で落ちてしまうようなものだ。

「プロフィールの見かけをよくしないといけません」（佐野さん）

写真を工夫したり、「結婚したら育児、家事も積極的に担当します」とか「料理が得意なのでまかせてください」とか、プロフィールに書いたりする方法もあるという。

仕事はリモートワークへと大きく動き始めている。子どもの送り迎えはできる、なども安心感につながるだろう。

「男性で年収1000万円を超えるような人は仕事が忙しくて帰りが遅い、家事や育児を手伝ってくれないなどのデメリットがありますから、それに代わるメリットをアピールできれば選ばれる可能性は高まりますね」（佐野さん）

一人暮らしでおひとりさまの寂しさを味わわせる

結婚できない子どもを持つ親の中には、「うちの子どもたちはいい大学を出て、いい企業に勤めているのになぜ結婚できないのか」と不思議に思っているケースも少なくない。

「昔はそうだったかもしれませんが、いまはそういう時代ではありません。本当に結婚させたいなら、若いときからお尻《しり》をたたいて、〝結婚しなければいけない〟〝親はいつまでも

元気じゃない〟ということを言い続けなければいけません」（伊集院さん）

子どもに結婚する気があるなら、親が健康なうちでなければ難しい。親の介護が必要な状況では、落ち着いて婚活ができないし、条件としてもマイナスになりかねない。

また、親が元気であれば、子どもが生まれたときにサポートも期待できる。いまは共働きが普通だから、子育ては簡単ではない。そんなときに親からのサポートが受けられれば、心強いだろう。

同居している子どもの場合、一人暮らしをさせるのも、結婚する気にさせる一つの方法だという。

「とくに男性の場合は、親元にいると、食事は出してくれるし、洗濯もしてくれる。結婚して奥さんからいろいろ言われるより、このままのほうが楽だと思ってしまいますからね」（伊集院さん）

一人暮らしをすれば、一人で生きていく寂しさを味わうことにもなる。母親がいつまでもべったりしているのではなく、「自立しなさい」という態度を示すことが重要だという。

「それに、婚活の際に男性のプロフィールで〝親と同居〟と書いてあったら、それをマイナスに感じる女性は少なくないのです」（伊集院さん）

「年齢だけは変えられない」ことに気づかせる

いずれは結婚したいとは思いながら、いい相手が見つからないために、ずるずる時間だけが過ぎていく——。結婚できない人には、そんな状態の人が多いという。しかし、時間が経てば経つほど、条件は不利になっていく。

年齢は変えられない——。親としても折に触れて子どもに伝える必要がある。しかし、しつこく言われれば、子どもも反発するだけだ。

「親として言うべきは、〝これから10年、20年が経っておまえが50歳になるころには、父さんも母さんも70代後半になって、介護が必要になっているかもしれない〟、など将来を具体的に想像できる話題です」（佐野さん）

親が元気なうちは、親の老いた姿などは想像できない。それとなく想像させることで、自分が50代になったときの姿が想像できて、「そのときに一人だったら寂しいだろうな」との気持ちも芽生えるというわけだ。

「結婚しろ」と言うより、20年後、30年後の姿を想像させるほうがいい。とくに男性の場合は、ロジカルに考えることが多いので、効果的という。

40歳を超えたら〝子どもなし〟の結婚生活も想定する

　とくに女性の場合は、40歳を過ぎてしまうと出産が難しくなる可能性があるので、男性からは敬遠されることがある。とはいえ結婚をあきらめる必要はないという。

「婚活の場合、プロフィールに希望を書くのが普通ですが、子どもが絶対に欲しいという人ばかりではありません」（佐野さん）

　子どもに関しては、「欲しい」「どちらでもよい」「欲しくない」の三つの選択肢から選ぶケースが多いが、「どちらでもよい」「欲しくない」を選んでいる男性の場合、あまり子どもを好きでない可能性が高いという。であれば、夫婦2人の結婚生活を楽しめばよいわけだ。

「40代になった女性の場合、子どもが欲しいと思っても不妊治療で莫大《ばくだい》な費用がかかることもあります。夫婦2人だけの結婚生活をどう送るかをイメージしていく必要があります。イメージせずに逃げていると、知らない間に50代に入ってしまい、ますます結婚から遠ざ

かってしまいます」（佐野さん）
40代の娘には「孫を抱かせてほしい」と言うよりも、子どもがいない結婚生活も悪くないとイメージさせるような言葉をかけるといいかもしれない。

第6章 おひとりさまを選択する前に考えたいこと

80代で婚活している女性の本音

晩婚化に伴って、婚活する人の年齢も幅広くなっているが、なかには80代の人もいるという。

「83歳で婚活している女性のお話しを聞いたことがあります。旦那様《だんな》に先立たれてしまった方ですが、大震災のようなときに〝あなた大丈夫？〟とメールを送れる相手が欲しいとのことでした」（しあわせ相談倶楽部・村田弘子さん／以下、村田さん）

子どもはいるが、海外で暮らしている。お互いの安否をＬＩＮＥで確認しあえる相手が欲しいとの気持ちで婚活をしていたのだという。

「見合い相手は年下で、モテモテのご様子でした」（村田さん）

何歳になってもパートナーがいたほうが安心だし、人生が楽しくなるということだろう。結婚すれば夫婦喧嘩《げんか》もするが、10年も経つと昔のことは許せるようになる。「どうしてあんなことで喧嘩していたのだろう」と思うことが多い。

「お金があれば、〝一人でも幸せ〟という時代はもう終わったと思いますね。徐々に体力

がなくなっていったときに助け合えるパートナーは必要だと思います」（村田さん）
人は家族に愛されて誕生し、家族に囲まれて最期を迎えるのが自然であり、幸せだという。

人生はうまくいかないことのほうが多い

日々の暮らしの中では、大変なことも少なくない。トータルすれば、うまくいかないほうが多いかもしれない。
「何かあったときに、家内がいてくれて本当によかったと思いますね」（ベスカ神戸・福山昭二さん／以下、福山さん）
人間は自分が思っているほど強くないから、一人では決して生きていけないという。それでも順調に仕事をして元気に暮らしているうちは、不自由さを感じないかもしれないが、ひとたび、何かの困難にぶつかったとき、パートナーのありがたみがわかるという。
福山さん自身は若くして結婚したため、阪神《はんしん》・淡路《あわじ》大震災や親の介護など、さまざまな困難を夫婦で乗り切ってきたという。そのたびに「結婚していてよかった」と感じたそうだ。
「結婚してうまくいかなかったときのことを考えて、尻込《しりご》みしてしまう人もいますが、他人同士なんですから、そもそもそう簡単にうまくいくわけなんてないんです。それをわかっていれば、大丈夫ですよ」（福山さん）
結婚生活はバラ色ではない。うまくいかないのが普通だとわかっていれば、パートナーのありがたみを実感することができるだろう。
結婚後の生活を心配するあまり、積極的になれない息子や娘には、そんな話をしてみるのもいいだろう。

10年後にいまより幸せになっていられるか？

いまの生活が順調で充実しているために、結婚する気がない人も多い。そんな息子や娘には「10年後はいまより幸せになっているか？」と問いかけるのも効果的という。

一人で暮らしていれば、人生のピークは早くやってくる。50代に入れば、体力にしても収入にしても下り坂になってしまうことが多いだろう。幸せが少しずつ減ってしまうわけだ。

結婚していれば違ってくる。

「結婚は、30年ぐらいしてようやく完成形に近づくものです。だから、毎年少しずつよくしていくつもりでいればいいのです」（福山さん）

結婚時を100点と考えてしまうと、その後はどんどん点数が下がってしまう。そうではなく、結婚したときを65点くらいと考えて、「毎年1点ずつ上げていく」つもりで暮らしていく。そうすれば、いまより10年後、20年後のほうが幸せになっているはずだ。

「相撲で言ったら8勝7敗ぐらいの感じで考えておけば、結婚生活は気楽でうまくいくと思いますよ」（福山さん）

少し勝ち越している感じで毎年を過ごしていけば、いまよりも10年後のほうが幸せになっている。それができるのは結婚しているからだ。

離婚が待っていたとしても結婚は意味がある

息子や娘に結婚を勧めたとき、「何のために結婚をしなければいけないのか」と問われることもあるだろう。
「私も〝結婚って何のためにするんですか？〟と聞かれることがあります。そんなときは、〝人間的に成長したいと思ったら結婚しなさい〟と言いますね」（福山さん）
人が幸せになるには、ある程度の努力と忍耐力が必要。一人で勝手気ままに暮らしていたら、忍耐力はなかなか養えないものだ。結婚すれば他人とともに暮らすことになるわけだから、互いに気を遣い忍耐力を養うことになる。結婚が成長の場になるわけだ。
そう考えれば、万が一離婚することになったとしても、結婚していた意味はある。
「離婚することになったとしても、〝一度は結婚しなさい〟と言いますね」（伊集院さん）
結婚すれば、子どもが生まれ、「子どもがいるから頑張ろう」という気持ちになることも多い。少しは我慢しようとも考えるだろう。それでもダメだったら、子どもが大きくなったところで離婚すればいいという。
村田さんも同意見だ。
「結婚は人生最高の学びの場ですし、試練を乗り越えることで自分の魅力と技量をいくらでも高めることができます」（村田さん）
さらに、結婚して子どもが生まれれば、自分自身が死んだあとも１００年、２００年と自分の意志を残すことも可能だ。血を通じて自分のミッションを後世に伝えることができるわけだ。

「その意味で、仮に離婚することになっても、一度は結婚する意味は大いにあると考えています」（村田さん）

結婚は、起業することに似ているという。30年、50年掛けて取り組むビッグプロジェクトだ。1人で走れば1年かかる道のりでも、2人なら1週間で到達できるかもしれない。

「こんなにおもしろくて、やりがいのあるビッグプロジェクトは他にありません」（村田さん）

結婚がよかったか悪かったかの判定は、死ぬときまでわからない。それまでの間にさまざまなことがあったとしても、最後に感謝できれば、その結婚は幸せだったと言えるだろう。

「離婚は、途中で結婚の善し悪しを判断したい人が選択する方法ですから、離婚してお互いによくなる自信があれば、離婚してもいいのです」（村田さん）

離婚を悪いものと考えると、結婚自体に消極的になってしまうこともある。しかし、離婚も幸せになるための選択肢だと考えるなら、結婚する前から気にしすぎることはないのかもしれない。

〝結婚しない自由〟はあるが、その自由は幸せか？

〝自由〟とは、とてもすばらしいことだ。

「でも、〝自由って何なの？〟と考えたときに、私は〝自由とはすごく大変なこと〟だと思いますね」（結婚相談室すみれ会・伊集院淑子さん／以下、伊集院さん）

結婚しなければ、自由に好きなことができると考える人もいる。しかし、自由なら、自分で自分を律しなければいけない。

一人のほうが自由でいいと言えるのは、自分がまだ若いからだ。40歳、50歳になっても、一人で好きなことを自由にできるのが幸せだと考えるなら、結婚はしなくてもいいかもしれないが、〝そうとはいえない〟と考えるなら、結婚を考えたほうがいい。

最近は情報があふれている。その情報をどう受け取るかによって、結婚観も変わってくる。情報をキャッチするのがうまくない人は、結婚に関してもネガティブな情報ばかりを受け取ってしまう。女性であれば、「結婚したら毎日夫の分も洗濯をしなければいけない」

とか「料理をつくらなければいけない」とか、マイナス面が先にきてしまう。「洗濯や料理を負担に思うなら、夫が率先してやってくれるように、教えればいいのです」（伊集院さん）

そのためには、相手を人柄で選ぶ必要がある。身長とか収入とか、データ的なもので選んでしまうと、自分の希望が叶《かな》うかどうかわからない。「この人なら私のいうことをわかってくれる」という相手を人柄で選べば、結婚のマイナスは克服することができる。

「男は50代でも結婚できる」と思ってしまう誤解

なかなか結婚しない男性の中には、「男は50代になっても子どもはできるから、焦る必要はない」と考えている人が多いという。そういう人は40代になってから、少し寂しさを感じて婚活を始める。早く結婚した同級生の子どもがすでに中学生になっていることを知って焦る場合もある。

そのとき40代の男性は20代の女性と結婚したいと考える。それは、若い女性のほうが子どもを産むのにもいいと考えているからだ。

「若い女性に申し込みをするのは自由ですが、年の差が一回り以上になると、なかなか受け入れられません。そこにいつまでもこだわっているとすぐに50代になって、ますます結婚できなくなります」（良縁コンシェルジュ町田・佐野浩一さん／以下、佐野さん）

それだけではない。女性に高齢出産があるように、男性も年齢が高くなると、精子が老化して不妊の問題が発生しやすくなるという。

「芸能人の年の差婚がテレビなどで取り上げられるのを見ているので、自分も大丈夫だと思ってしまうのですが、それは特殊なケース。歳をとっても子どもはできるというのは男性の間違った考え方ですね」（佐野さん）

第7章

20代、30代が結婚を急ぎ、40代、50代は取り残される。〝コロナ禍で変わった〟結婚観

コロナ禍で結婚願望が再燃

コロナ禍で以前よりも結婚を真剣に考える人は増えているという。

「10年ほど前までは20代で結婚してしまうと遊べなくなるからもったいない、と考える人も多かったのですが、最近は老後の不安が話題になったり、コロナ禍で人と会うのが難しくなったりして、早く結婚したいと考える人も増えているようです」(しあわせ相談倶楽部・村田弘子さん/以下、村田さん)

最近は20代でも老後を心配して節約する人も増え、昔に比べると〝地に足のついた〟生活をしているという。そうした人たちは、いつまでに結婚して、子どもを何人もうけて……とライフプランを考えているという。

女性の場合、会社の先輩を見ると、40代で結婚していない人も多く、バリバリ仕事をして高収入を得ているが、何かが違うと感じている。

30代前半の男性が結婚に焦る訳

これまで結婚に焦る年齢ではなかった層が、コロナ禍で結婚を急ぐケースが目立つようになったという。男性ではとくに30代前半が多いという。

婚活において30代前半の男性は、もっとも人気のある層だ。

「女性を選べる年代なので焦る人は少なかったのですが、コロナで先行きが見えなくなり、まずはダブルインカムになっておいたほうがいいだろうという人が増えたのではないかと思います」（村田さん）

自分一人ではいつ仕事を失うかわからない。であれば、結婚して共働きをしたほうが安心だと考えているわけだ。

また、30代前半の男性は、子どもが生まれたら、十分な教育を受けさせたいとも思っている人が多いという。自分自身が親から十分に教育を受けるチャンスをもらってきたから、自分の子どもにも同じように教育を受けさせてあげたいと考えている。

女性も同じで、しっかりとした収入のある人と結婚して、共働きで豊かな家庭をつくりながら、自分も仕事で成功したいとの明確なビジョンを描いている人が多くなっているという。

「出産に適した年齢の女性と結婚するなら、自分も若いほうがいいと考える男性が増えているのです」（村田さん）

30代後半から40代、50代には、なかなか結婚しない層がいる一方で、30代前半には結婚を真剣に考える層が増えている。これも時代を反映しているのかもしれない。

待っていても白馬の王子は現れない

コロナ禍のように普通ではないときは、結婚でも二極化が進む可能性が高いという。

「こんなときは、とくに行動力のある人がチャンスをつかみますから、何も行動を起こさない人は、ますます結婚から遠ざかってしまうと思いますね。ただ待っていても白馬の騎士など現れませんから」（ベスカ神戸・福山昭二さん）

危機のときに頼りになるのは自分自身。誰も助けてくれない。こんなときこそ、積極的に行動するしかないというわけだ。

１９９５年の阪神・淡路大震災のときも同じだったという。危機をネガティブにとらえるのではなく、逆にチャンスととらえて動いた人が何事においても成功をつかんだという。

また、コロナ禍では、相手の年収は今後どうなるかわからない。婚活の際には互いの年収をオープンにするが、それは1年前の額だ。普通であれば大きく変動することもないかもしれないが、いまは年収１０００万円だった人でも、コロナによる倒産で仕事を失う可能性もある。いまはとくに結婚相手を年収で選んでしまうと、失敗する可能性があるわけだ。

「今年は年収が絶対に減るから、年収だけで相手を選ぶと失敗するというレポートを会員向けに発行しているところです」（村田さん）

年収よりも相手がどんな仕事をしているかを確認して、将来どうなるかを想定しなければいけないという。これはコロナ禍に限らない。時代の変化についていける職業なのかどうかを見極めることにもつながる。

コミュニケーション方法の多様化で結婚しやすくなった⁉

一方で結婚にプラスになっている面もある。コロナ禍で人と人が会うのは難しくなってしまったが、ひと昔前に比べてコミュニケーションツールは多様化している。

「ＬＩＮＥを使っている人はＬＩＮＥでコミュニケーションをとればいいですし、Ｚｏｏｍなら Ｚｏｏｍでもいいのです。自分たちの使いやすいツールでコミュニケーションができるようになっているのはプラスですね」（婚活ＩＭＡ・今村倫子さん）

こうしたツールを使えば、仕事が忙しくて会えないときでも15分だけ話をすることもできる。

婚活している息子に読ませたい、婚活デートで失敗しない手順を大公開

この男性と結婚したい――。そう思うまでには何度も会って、互いを知らなければならない。しかし、デートの方法でつまずいて、互いを理解するまでに到達できないケースも

少なくないという。そこで、良縁コンシェルジュ町田・佐野浩一さん（以下、佐野さん）は、婚活する男性に、「デートでどうリードすべきか」をアドバイスするケースもあるという。そのポイントを紹介しよう。

ここでは結婚相談所を利用したケースで紹介するが、婚活パーティーなどで女性と知り合った男性にも役立つはずだ。

結婚相談所を利用した婚活の場合、お見合いして交際が成立すると、その後3カ月間で婚約に進むかどうかを判断することになる。

結婚相談所では3カ月間を前半の1カ月半と後半の1カ月半に分けて活動する。週に一度会うとすれば、前半・後半ともに最大6回のチャンスがある。また、前半は別の人と見合いをしたり、複数の人と会ったりしてもいいが、後半は1対1のお付き合いとなる。

佐野さんのアドバイスでは、前半の2回目までは女性をおいしいランチなどに招待し、短時間のデートを楽しむ。お互いに慣れていないから、時間が短いほうが負担にならないわけだ。そして3回目以降は、半日から1日、少し長めの時間を一緒に楽しめるデートコースを設定する。

水族館に行ってもいいし、遊園地に行ってもいい。その間にランチを食べて、早めの夕食もともにする。少し長い時間一緒にいると、相手の癖なども見えてくる。3回目のデートが楽しく、相手も楽しんでいるようだったら、互いの名前をどう呼ぶかを決めて、次のデートにつなげるといい。

そして、4~6回目のデートで「結婚前提の真剣交際」を申し込む。佐野さんが男性にとくにアドバイスするのは「焦らない」こと。男性は、相手の女性がかわいらしく明るい性格だったりすると、すぐにテンションが上がってしまい、結論を急ごうとする。

しかし、女性はゆっくりと気持ちが盛り上がっていく。相手の男性が勝手に盛り上がっていれば、逆に警戒してしまうのだ。

「女性は安全安心を求める傾向がありますから、低空飛行で行くのが普通です」（佐野さん）

だから、3回目ぐらいのデートになってようやく、「この人、いい人かな」と思い始める。そして、4回目のデートでも、男性が一生懸命リードして頑張ってくれると、「この人と結婚を前提に交際してみてもいいかな」と思うのだという。

「男性と女性では気持ちが盛り上がるスピードが違いますから、ペースメーキングが重要なのです」（佐野さん）

真剣交際に移行したら、さらに深く相手を知らなければならない。「結婚したらどんな生活をしたいのか」、具体的に相手の希望を聞いていく。相手の女性にしても、「１００％結婚する気持ち」になっているわけではないが、真剣交際に移行した時点で６～７割は結婚に前向きな気持ちになっているという。

仕事の希望も重要。女性が共働きを望んでいるのか、そうではないのかを確認する。最近は共働きが普通なので、男性は共働きのつもりだったにもかかわらず、結婚直前になって女性が「仕事を辞めたい」と言い出して、「こんなはずじゃなかった」ということになることもある。そうならないためには、明確に確認しておいたほうがいい。

共働きをするには、子育ても分担しなければならない。日々の育児や家事をどう分担するかも、おおよそ話をしてみるといい。住む場所も互いの職場の中間あたりにするのがいいなど、具体的にプランを考えてみる。

「細かすぎると思うかもしれませんが、ある程度、突っ込んだ話をしておかないと、〝結婚してみたら違った〟となりかねないのです」（佐野さん）

住宅にしても場所だけでなく、思い切ってマンションを買うのか、アパートにするのかによって、家計は大きく変わってくる。だから、話題の順番としては、最初に住まいの話からスタートさせて、子どもは何人欲しいか、育児、家事の分担はどうするかと話を広げていく。

「真剣交際に移行して、2、3回はそうした話を深めていきます」（佐野さん）

あとは「自分の趣味を相手が認めてくれるか」を聞いてみるのも大事。そうした確認をしていくうちに相手の経済感覚もわかり、婚約に進んでいいかの判断材料になる。

「真剣交際に入ると、〝この人と結婚して大丈夫か〟というネガティブチェックをしていくわけです」（佐野さん）

それを終えても、結婚したい意志があるならうまくいく確率が高いというわけだ。

おわりに

新型コロナウイルスは、私たちの生活を大きく変えたが、同時に結婚観にも影響を及ぼしているようだ。いざというときに頼れる相手とともに暮らしたい――。そんな想いから、結婚を考える人が増えている。とくに、20代から30代前半の若年層にその傾向が強いという。

２０１１年の東日本大震災後にも、人と人との絆《きずな》の重要性を実感したように、いまは結婚の意味があらためて認識されているのかもしれない。

しかし、すでに30代後半から40代に到達している息子や娘は、年齢的な部分では不利な状況にある。この世代は就職氷河期に社会に出たため、派遣などの非正規社員として働いている人も多く、経済的な条件が悪いことも多い。

若い世代が結婚に積極的になる中で、30代後半以降は置き去りになってしまっているわけだ。とはいえ、あきらめる必要はない。ちょっと意識を変えることで、理想の相手が見つかりやすくなる。

今回取材した婚活カウンセラーの1人は、相手に「妥協する」のではなく、「妥当な相手」を探すことが重要だと教えてくれた。

「妥当な相手」とは、自分とバランスのとれた相手のことだ。昔から男性は、自分が40代になっても若い女性と結婚することを望む。最近は、女性も年下との結婚を希望するケースが多いという。

男性も女性も年下に目が向いているから、希望がすれ違って相手が見つからないわけだ。これは一つの例に過ぎないが、「自分を知る」ことは結婚相手を見つける近道の一つだ。

最近の親世代は、昔と違って子どもたちと仲がいいため、「嫌われるのではないか」と気を遣い、結婚について子どもと話ができないケースが多いという。

しかし、息子や娘の将来を考えるなら、結婚する気があるのか、ないのかを確認したほうがいいかもしれない。本書には、親が子どもの結婚の後押しをするときのヒントも数多く盛り込んだ。ぜひ実践してみてほしい。

最後に取材で数多くのアドバイスをいただいた婚活カウンセラーの方々に感謝したい。

5人のプロフィールは183ページで紹介している。本書をきっかけに息子や娘と結婚について語り合い、それが結婚に結びつけば幸いだ。

取材協力一覧

●婚活IMA《イマ》・今村倫子さん
国家公務員、地方公務員、大学職員、専門職、上場企業技術職などの会員を多く抱える。地方出身者の相談も多い。
https://ima-omiai.com/

●しあわせ相談倶楽部・村田弘子さん
創業66年の公認会計士事務所から始まった婚活応援サービスを展開。医師、経営者、士業の結婚を数多く支援している。
https://pre.mirai-hiraku.com/

●結婚相談室すみれ会・伊集院淑子さん
長年、大手結婚情報会社で結婚カウンセラーをした経験をもとに、東京都内、横浜、千葉、埼玉で出張結婚相談を実施。
https://sumireclub.com/

●ベスカ神戸・福山昭二さん
結婚38年の福山昭二さん、佳子さん夫妻がサポートする結婚相談所。「結婚はすばらしい！」ことを知ってもらうため奮闘している。
http://besca-kobe.com/

●良縁コンシェルジュ町田・佐野浩一さん
人事経験の豊富なカウンセラーが婚活をサポート。ＡＩマッチングでピッタリな相手を探すサービスも。
https://www.enyoshi.jp/

●株式会社ＩＢＪ
東証一部上場の国内最大手の結婚仲介事業者の一つ。IBJが運営する結婚相談所のネットワーク「日本結婚相談所連盟」は会員数約6万8000名と日本最大(2020年10月現在)。
https://www.ibjapan.jp/

編集協力　ナフル
図版制作　國分陽

結婚を考える会（けっこんをかんがえるかい）
社会環境の変化やコロナ禍で結婚観は大きく変わりつつある。その中で、結婚を前向きに考える人は何をすべきか、最新の婚活事情を紹介するべく、約10人の婚活カウンセラーとジャーナリストが立ち上げたプロジェクトチーム。30代、40代の結婚をしたくてもできない息子や娘を持つ親世代への情報提供も行う。

「婚活《こんかつ》」受難時代《じゅなんじだい》

結婚《けっこん》を考《かんが》える会《かい》

2020年12月10日　初版発行

◇◇◇

発行者　青柳昌行
発　行　株式会社KADOKAWA
〒102-8177　東京都千代田区富士見2-13-3
電話　0570-002-301（ナビダイヤル）
装丁者　緒方修一（ラーフイン・ワークショップ）
ロゴデザイン　good design company
オビデザイン　Zapp!　白金正之
印刷所　株式会社暁印刷
製本所　株式会社ビルディング・ブックセンター

角川新書
 ISBN978-4-04-082179-5 C0295

KADOKAWAの新書 好評既刊

知らないと恥をかく世界の大問題11
グローバリズムのその先

池上　彰

突然世界を襲った新型コロナウイルス。コロナ危機対策の行方、そして大転換期の裏で進むものは？　アメリカ大統領選挙が行われる2020年。独断か？　協調か？　リーダーの決断を問う。人気新書・最新第11弾。

国旗・国歌・国民
スタジアムの熱狂と沈黙

弓狩匡純

国家のアイデンティティを誇示するシンボルマーク「国旗」とテーマソング「国歌」。そして人類の肉体的・精神的な高みを謳歌するスポーツ。日本で唯一の「国歌」研究者が、豊富な事例を繙きつつ、両者の愛憎の歴史に迫る。

海洋プラスチック
永遠のごみの行方

保坂直紀

プラスチックごみによる汚染や生き物の被害が世界中で報告されるなか、日本でも2020年7月からレジ袋が有料化される。それはどのくらい意味があるのか。問題を追うサイエンスライターが、現状と納得感のある向き合い方を提示する。

ハーフの子供たち

本橋信宏

日本人男性とフィリピン人女性とのあいだに生まれたハーフの子供たちの多様な生き方をたどる！　6人の男女へのインタビューを通じて、現在の日本社会での彼らの活躍と、国際結婚の内情、新しい家族の肖像までを描き出す出色ルポ。

キリシタン教会と本能寺の変

浅見雅一

キリシタン史研究の第一人者が、イエズス会所蔵のフロイス直筆原典にあたることで見えてきた、史料の本当の執筆者、そして光秀の意外な素顔に迫る。初の手書き原典から訳した「一五八二年の日本年報の補遺（改題：信長の死について）」全収録！